RUHE TUIDONG
GAOZHILIANG FAZHAN

# 如何推动高质量发展

任初轩◎编

出版社
北京

## 图书在版编目（CIP）数据

如何推动高质量发展 / 任初轩编 . -- 北京 : 人民日报出版社, 2022.12

ISBN 978-7-5115-7667-5

Ⅰ.①如… Ⅱ.①任… Ⅲ.①中国经济—经济发展—文集 Ⅳ.① F124-53

中国国家版本馆 CIP 数据核字（2023）第 001364 号

| | |
|---|---|
| 书　　名： | 如何推动高质量发展 |
| | RUHE TUIDONG GAOZHILIANG FAZHAN |
| 作　　者： | 任初轩 |
| 出 版 人： | 刘华新 |
| 策 划 人： | 欧阳辉 |
| 责任编辑： | 周海燕　马苏娜 |
| 封面设计： | 张合涛 |
| 出版发行： | 人民日报出版社 |
| 社　　址： | 北京金台西路 2 号 |
| 邮政编码： | 100733 |
| 发行热线： | （010）65369509　65369512　65363531　65363528 |
| 邮购热线： | （010）65369530　65363527 |
| 编辑热线： | （010）65369518 |
| 网　　址： | www.peopledailypress.com |
| 经　　销： | 新华书店 |
| 印　　刷： | 大厂回族自治县彩虹印刷有限公司 |
| 法律顾问： | 北京科宇律师事务所　（010）83622312 |
| 开　　本： | 710mm×1000mm　1/16 |
| 字　　数： | 190 千字 |
| 印　　张： | 15.5 |
| 版次印次： | 2023 年 3 月第 1 版　2023 年 3 月第 1 次印刷 |
| 书　　号： | ISBN 978-7-5115-7667-5 |
| 定　　价： | 48.00 元 |

# 目 录

## 第一编
## 总论

着力推动高质量发展 / 003

坚持以推动高质量发展为主题 / 010

加快形成共促高质量发展的合力 / 013

**★ 拓展阅读 ★**

坚持系统观念、守正创新 / 016

更好统筹经济质的有效提升和量的合理增长 / 019

更好统筹供给侧结构性改革和扩大内需 / 021

更好统筹经济政策和其他政策 / 024

更好统筹国内循环和国际循环 / 027

更好统筹当前和长远 / 030

## 第二编
## 构建高水平社会主义市场经济体制

为发展马克思主义政治经济学作出原创性贡献 / 035

新时代中国经济高质量发展的科学指南 / 038

新时代中国金融发展的根本遵循 / 045

宏观经济政策多重积极效应持续显现 / 052

为民族复兴提供更为坚实的物质基础 / 059

筑牢高质量发展的制度基石 / 066

★ 拓展阅读 ★

以强大内需支撑高质量发展 / 070

法治护航民营经济高质量发展 / 073

千方百计稳住市场主体 / 075

## 第三编
## 建设现代化产业体系

以现代化产业体系重塑新优势 / 081

坚持把发展经济着力点放在实体经济上 / 084

提高自主创新能力　加快迈向制造强国 / 088

推动先进制造业现代服务业深度融合 / 091

积极发展优势产业 / 098

做大做强战略性新兴产业 / 101

加快现代流通体系建设 / 105

夯实工业高质量发展制度基础 / 108

### ★ 拓展阅读 ★

数字经济活力迸发 / 114

加快中小企业数实融合步伐 / 117

扎实推进产业基础再造工程 / 119

## 第四编
## 全面推进乡村振兴

稳固脱贫基础，助力乡村振兴 / 125

深刻把握大食物观的内涵和要求 / 129

走稳城乡融合发展之路 / 132

为实现乡村全面振兴奠定扎实基础 / 135

完善农村要素市场化配置 / 141

提高政治站位　确保国家粮食安全 / 147

★ 拓展阅读 ★

为新型农业经营主体发展提供金融支持 / 154

用好乡村特色资源　发展乡村特色产业 / 156

# 目 录

## 第五编
## 促进区域协调发展

深入实施区域协调发展战略 / 161

促进区域协调发展　构建高质量发展的区域经济布局 / 164

新型城镇化是中国式现代化的必然选择 / 170

推动大中小城市协同发展 / 175

努力推动海洋强国建设取得新进展 / 178

推进基本公共服务均等化 / 186

★ **拓展阅读** ★

以新型工业化推动西部高质量发展 / 189

促进中部地区加快崛起 / 193

## 第六编
## 推进高水平对外开放

以中国大市场创造发展新机遇 / 199

坚定不移推进高水平对外开放 / 202

发挥贸易投资促进的助推器作用 / 206

推动共建"一带一路"高质量发展 / 209

加快建设中国特色自由贸易港 / 214

推动服务贸易跨越式发展 / 217

打造产业特色鲜明的自贸试验区 / 224

★ 拓展阅读 ★

让开放为全球发展带来新的光明前程 / 229

如何把握国内国际双循环 / 232

我国超大规模市场优势将更加明显 / 234

第一编

总论

# 着力推动高质量发展

## 广东省习近平新时代中国特色社会主义思想研究中心

党的二十大报告明确新时代新征程"中国共产党的中心任务就是团结带领全国各族人民全面建成社会主义现代化强国、实现第二个百年奋斗目标,以中国式现代化全面推进中华民族伟大复兴",强调"高质量发展是全面建设社会主义现代化国家的首要任务"。这充分体现了以习近平同志为核心的党中央团结带领全党全国各族人民全面建设社会主义现代化国家、全面推进中华民族伟大复兴的战略定力和责任担当,为着力推动高质量发展提供了根本遵循。

## 充分认识高质量发展对全面建设社会主义现代化国家的重大意义

高质量发展是"十四五"乃至更长时期我国经济社会发展的主

题，关系我国社会主义现代化建设全局。

解决我国社会主要矛盾的有力举措。习近平总书记指出："发展是解决我国一切问题的基础和关键"。中国特色社会主义进入新时代，我国社会主要矛盾转化为人民日益增长的美好生活需要和不平衡不充分的发展之间的矛盾。这要求我们必须把发展质量问题摆在更为突出的位置，着力提升发展质量和效益，推动高质量发展。要着力解决不平衡不充分的发展问题，推动经济发展质量变革、效率变革、动力变革，推动经济实现质的有效提升和量的合理增长，增强经济竞争力、创新力、抗风险能力，使我国经济迈上更高质量、更有效率、更加公平、更可持续、更为安全的发展之路。

中国式现代化的本质要求。党的二十大报告从九个方面阐释了中国式现代化的本质要求，其中之一是"实现高质量发展"。高质量发展是体现新发展理念的发展，是创新成为第一动力、协调成为内生特点、绿色成为普遍形态、开放成为必由之路、共享成为根本目的的发展。推动高质量发展是根据我国发展阶段、发展环境、发展条件变化作出的科学判断，是对经济社会发展方方面面的总要求。要在坚持以经济建设为中心的同时，全面推进经济建设、政治建设、文化建设、社会建设、生态文明建设，使各领域都体现高质量发展的要求，促进现代化建设各个环节、各个方面协调发展。

促进共同富裕的现实需要。习近平总书记指出，要"在高质量发展中促进共同富裕"。共同富裕是中国特色社会主义的本质要求，是中国式现代化的重要特征。在我国社会主义制度下，既要不断解放和发展社会生产力，不断创造和积累社会财富，又要防止两极分化，切实推动人的全面发展、全体人民共同富裕取得更为明显的实质性进展。为此，首先要通过全国人民共同奋斗，持续推动高质量发展，把"蛋糕"做大做好，然后通过合理的制度安排正确处理增长和分配关系，把"蛋糕"切好分好。这是一个长期的历史过程，我们要向着这个目标更加积极有为地进行努力，让广大人民群众获得感、幸福感、安全感更加充实、更有保障、更可持续。

应对风险挑战的必然选择。习近平总书记指出："国家安全是民族复兴的根基，社会稳定是国家强盛的前提。"当前，世界百年未有之大变局加速演进，世界进入新的动荡变革期。我国发展进入战略机遇和风险挑战并存、不确定难预料因素增多的时期，各种"黑天鹅""灰犀牛"事件随时可能发生。防范化解各类风险隐患，积极应对外部环境变化带来的冲击挑战，关键在于办好自己的事，提高发展质量，提高国际竞争力，增强国家综合实力和抵御风险能力，有效维护国家安全，实现经济行稳致远、社会和谐安定。

## 深刻把握推动高质量发展的优势和有利条件

党的十八大以来，在以习近平同志为核心的党中央坚强领导下，党和国家事业取得历史性成就、发生历史性变革，推动我国迈上全面建设社会主义现代化国家新征程。在新征程上着力推动高质量发展，我们具有多方面的优势和有利条件。

有中国共产党的坚强领导。中国特色社会主义最本质的特征是中国共产党领导，中国特色社会主义制度的最大优势是中国共产党领导，中国共产党是最高政治领导力量。新时代十年，我们之所以能够书写经济快速发展和社会长期稳定两大奇迹新篇章、取得今天这样的伟大成就，最根本的是有中国共产党的坚强领导。事实充分证明，中国共产党具有无比坚强的领导力、组织力、执行力，是团结带领人民攻坚克难、开拓前进最可靠的领导力量。坚决维护党中央权威和集中统一领导，把党的领导落实到党和国家事业各领域各方面各环节，使党始终成为风雨来袭时全体人民最可靠的主心骨，就能确保我国社会主义现代化建设正确方向，确保拥有团结奋斗的强大政治凝聚力、发展自信心，依靠团结奋斗书写高质量发展的新篇章。

有科学理论的指引。拥有马克思主义科学理论指导是我们党坚定信仰信念、把握历史主动的根本所在。中国共产党为什么能，中国特色社会主义为什么好，归根到底是马克思主义行，是中国化时代化的马克思主义行。党的十八大以来，我们党勇于进行理论探索和创新，以全新的视野深化对共产党执政规律、社会主义建设规律、人类社会发展规律的认识，取得重大理论创新成果，集中体现为习近平新时代中国特色社会主义思想。面对世界之变、时代之变、历史之变，坚持以习近平新时代中国特色社会主义思想为指导，把握好习近平新时代中国特色社会主义思想的世界观和方法论，坚持好、运用好贯穿其中的立场观点方法，就能有力有效推动高质量发展。

有更为坚实的物质基础和更为完善的制度保证。新时代十年来，在以习近平同志为核心的党中央坚强领导下，我国改革开放和社会主义现代化建设深入推进，我国发展具备了更为坚实的物质基础、更为完善的制度保证。经济实力实现历史性跃升，经济总量占世界经济比重从11.3%上升到18.5%，稳居世界第二位；一些关键核心技术实现突破，战略性新兴产业发展壮大，进入创新型国家行列；制定并深入实施一系列具有全局性意义的区域重大战略，释放持续强劲的发展动能；实行更加积极主动的开放战略，共建"一带一路"成为深受欢迎的国际公共产品和国际合作平台，形成更大范围、更宽领域、更深层次对外开放格局；各领域基础性制度框架基本建立，中国特色社会主义制度更加成熟更加定型。实践充分证明，我国经济韧性强、潜力足、回旋余地广，长期向好的基本面不会改变，有条件有能力推动经济高质量发展取得新突破。

## 着力推动经济高质量发展取得新突破

党的二十大对推动高质量发展作出战略部署，要求构建高水平社会主义市场经济体制、建设现代化产业体系、全面推进乡村振兴、促进区域协调发展、推进高水平对外开放。我们要贯彻落实党的二十大精神和党中央决策部署，完整、准确、全面贯彻新发展理念，努力在以下几方面取得新成效，推动经济高质量发展取得新突破。

开辟发展新领域新赛道，不断塑造发展新动能新优势。教育、科技、人才是全面建设社会主义现代化国家的基础性、战略性支撑，要坚持科技是第一生产力、人才是第一资源、创新是第一动力，坚持教育优先发展、科技自立自强、人才引领驱动，深入实施科教兴国战略、人才强国战略、创新驱动发展战略。坚持创新在我国现代化建设全局中的核心地位,健全新型举国体制,强化国家战略科技力量,提升国家创新体系整体效能,形成具有全球竞争力的开放创新生态。加快实施创新驱动发展战略,加快实现高水平科技自立自强,以国家战略需求为导向,集聚力量进行原创性引领性科技攻关,坚决打赢关键核心技术攻坚战。深入实施人才强国战略,加快建设世界重要人才中心和创新高地,为高质量发展提供强大人才支撑。

坚持社会主义市场经济改革方向,进一步激发高质量发展的活力和潜能。改革是解放和发展社会生产力的关键,是推动国家发展的根本动力。要坚持和完善社会主义基本经济制度,坚持"两个毫不动摇",充分发挥市场在资源配置中的决定性作用,更好发挥政府作用。完善分配制度,坚持按劳分配为主体、多种分配方式并存,坚持多劳多得,鼓励勤劳致富,促进机会公平,增加低收入者收入,扩大中等收入群体,规范收入分配秩序,规范财富积累机制,使人人都有通过勤奋劳动实现自身发展的机会。构建全国统一大市场,深化要素市场化改革,建设高标准市场体系。坚持尽力而为、量力而行,着力解决好人民群众急难愁盼问题,健全基本公共服务体系,提高公共服务水平,增强均衡性和可及性,扎实推进共同富裕。

坚持高水平对外开放,以高水平开放推动高质量发展。开放是当代中国的鲜明标识。中国坚持对外开放的基本国策,坚定奉行互利共赢的开放战略,不断以中国新发展为世界提供新机遇,推动建设开放型世界经济。要推进高水平对外开放，稳步扩大规则、规制、管理、标准等制度型开放，加快建设贸易强国，推动共建"一带一路"高质量发展，维护多元稳定的国际经济格局和经贸关系。坚持经济全球化正确方向，共同营造有利于发展的国际环境，共同培育全球发展新动能。同国际社会一道努力落实全球发展倡议、全球安全倡议，共同应对各种全球性挑战，携手推动构建人类命运共同体。

加快构建新发展格局，增强我国经济创新力和竞争力。构建新发展格局是适应我国发展新阶段要求、塑造国际合作和竞争新优势的必然选择，关键在于畅通经济循环，实现高水平自立自强，不断增强我国经济创新力和竞争力。要坚持以推动高质量发展为主题，把实施扩大内需战略同深化供给侧结构性改革有机结合起来，增强国内大循环内生动力和可靠性，提升国际循环质量和水平。建设现代化产业体系，坚持把发展经济的着力点放在实体经济上，推进新型工业化。全面推进乡村振兴，加快建设农业强国，确保中国人的饭碗牢牢端在自己手中。促进区域协调发展，优化重大生产力布局，构建优势互补、高质量发展的区域经济布局和国土空间体系。统筹发展和安全，坚定不移贯彻总体国家安全观，以新安全格局保障新发展格局，实现高质量发展与高水平安全良性互动。

（执笔：丁晋清）

《人民日报》（2022年11月16日09版）

**如何** 推动高质量发展

# 坚持以推动高质量发展为主题

人民日报评论部

党的二十大绘就宏伟蓝图、吹响奋进号角,神州大地气象万千,亿万人民奋勇争先。第五届进博会按一年计意向成交金额735.2亿美元,实现了成功、精彩、富有成效的预期目标;新能源汽车产销连创历史新高,市场渗透率快速攀升;夏耕秋收,仓廪殷实……"中国号"巨轮沿着高质量发展的壮阔航程破浪前行,我们正在中国式现代化道路上全面推进中华民族伟大复兴。

实现什么样的发展、怎样实现发展,这是党领导人民治国理政必须回答好的重大问题。习近平总书记在党的二十大报告中对全面建设社会主义现代化国家战略布局进行了科学谋划,明确指出"高质量发展是全面建设社会主义现代化国家的首要任务",强调"我们要坚持以推动高质量发展为主题"。这是在深入分析我国发展新的历史条件和阶段、全面认识和把握我国现代化建设实践历程以及各国现代化建设一般规律的基础上，作出的一个具有全局性、长远性和战略性意义的重大判断。奋进新征程、建功新时代、创造新伟业，我们必须认真学习领会高质量发展的历史逻辑、深刻内涵和实践要求，切实把推动高质量发展的要求贯彻到经济社会发展的全过程各领域。

全面建设社会主义现代化国家是一项伟大而艰巨的事业，高质量发展是首要任务，也是基本路径。无论是解决发展起来以后的问题还是把人民对美好生活的向往变为现实，无论是推动乡村全面振兴还是实现全体人民共同富裕，都需要始终抓好发展这个"党执政兴国的第一要务"，牢牢把握发展这个"解决中国一切问题的关键"。当前，我国发展面临新的战略机遇、新的战略任务、新的战略阶段、新的战略要求、新的战略环境。只有努力实现更高质量、更有效率、更加公平、更可持续、更为安全的发展，人民美好生活和社会事业发展、文化事业繁荣、生态环境美好、国际地位提升、安全能力增强等各方面建设的物质条件才能不断得到夯实，全面建成社会主义现代化强国才能有更为坚实的物质技术基础。

党的二十大报告阐释了中国式现代化的本质要求，"实现高质量发展"是其中一个方面。经济发展是质和量的有机统一，经济长期持续健康发展有赖于促进发展质量变革、效率变革、动力变革，进而推动经济实现质的有效提升和量的合理增长。我国经济发展中的矛盾和问题集中体现在推进高质量发展还有许多卡点瓶颈，主要是科技创新能力还不强、供给体系质量还不高、资源要素投入消耗较大、绿色生产生活方式还未完全形成等。解决好发展不平衡不充分问题，必须完整、准确、全面贯彻新发展理念，尽快形成创新驱动、节约集约、绿色低碳的高质量发展方式，确保经济发展和人民生活不断迈上新台阶。

新征程是充满光荣和梦想的远征，在大变局中掌握战略主动，在大挑战中用好战略机遇，关键在于办好中国自己的事。把实施扩大内需战略同深化供给侧结构性改革有机结合起来，有助于增强国内大循环内生动力和可靠性；坚持教育优先发展、科技自立自强、人才引领驱动，有助于提高全要素生产率；建设现代化产业体系，有助于提升产业链供应链韧性和安全水平；推进城乡融合和区域协调发展，有助于构建优势互补、高质量发展的区域经济布局和国土空间体系……高质量发展和高水平安全是一体两翼的统一整体，只有推动高质量发展才能确保重要产业、基础设施、战略资源、重大科技等关键领域安全可控，为有效防范化解各种重大风险挑战、推动现代化建设行稳致远提供坚实保障。

高质量发展不仅是对经济工作的要求，而且是贯通社会主义现代化建设各方面各领域各环节的要求。充分认识高质量发展对全面建设社会主义现代化国家的重大意义，坚定不移把思想和行动统一到以习近平同志为核心的党中央决策部署上来，我们一定能确保中国式现代化持续顺利推进，不断夺取全面建设社会主义现代化国家新胜利。

《人民日报》（2022年11月28日05版）

# 加快形成共促高质量发展的合力

周人杰

发展是党执政兴国的第一要务。习近平总书记在党的二十大报告中指出："高质量发展是全面建设社会主义现代化国家的首要任务。"

2022年12月6日，中共中央政治局召开会议，分析研究2023年经济工作。会议指出，2023年是全面贯彻落实党的二十大精神的开局之年，强调要坚持稳字当头、稳中求进，继续实施积极的财政政策和稳健的货币政策，加强各类政策协调配合，优化疫情防控措施，形成共促高质量发展的合力。围绕做好2023年经济工作，要加快构建新发展格局，着力推动高质量发展，推动经济运行整体好转，实现质的有效提升和量的合理增长。

实现高质量发展，是中国式现代化本质要求的重要内容。2022年以来，面对风高浪急的国际环境和艰巨繁重的国内改革发展稳定任务，以习近平同志为核心的党中央团结带领全党全国各族人民迎难而上，加大宏观调控力度，发展质量稳步提升。要看到，我国经济已转向高质量发展阶段，经济社会发展必须继续坚持以推动高质量发展为主题，统筹推进各项工作，加快形成政策合力。为此，必须健全宏观经济治理体系，围绕高质量发展这个"首要任务"做好统筹兼顾、综合平衡，完善政策制定和执行机制，从决策到执行全链条加强针对性、协同性、时效性，形成治理合力。

战略问题，是一个政党、一个国家的根本性问题。党的二十大报告提出，"发挥国家发展规划的战略导向作用"。"十四五"规划已对战略安排、目标任务、重大举措作出了具体部署，宏观调控政策应服从服务于发展全局需要。积极的财政政策要加力提效，稳健的货币政策要精准有力，产业政策要发展和安全并举，科技政策要聚焦自立自强，社会政策要兜牢民生底线。应健全规划落实责任体系，逐一分解任务、明确责任分工，把宏观调控作用真正发挥到位，努力完成好发展目标任务。

形成共促高质量发展的合力，必须把实施扩大内需战略同深化供给侧结构性改革有机结合起来。需求侧和供给侧是推动实现高质量发展的一体两面。需求侧实施扩大内需战略，是应对外部冲击、稳定经济运行的有效途径；推动供给侧结构性改革，是实现高质量发展的治本之策。把两者有机结合起来，是积极应对国内外环境变化、增强发展主动性的长久之策。要充分发挥我国超大规模市场优势，畅通国民经济循环，让有效需求和有效供给、消费和投资、内需和外需、自立自强和开放合作实现良性互动与高水平动态平衡。

形成共促高质量发展的合力，必须完善宏观经济政策的综合协调机制。宏观调控贵在有力、有度、有效，要针对新情况、新问题准确识变、科学应变、主动求变。当前，应着力扩大国内需求，充分发挥消费的基础作用和投资的关键作用，加快建设现代化产业体系，提升产业链供应链韧性和安全水平，切实落实"两个毫不动摇"，增强我国社会主义现代化建设动力和活力，推进高水平对外开放，更大力度吸引和利用外资，有效防范化解重大经济金融风险，守住不发生系统性风险的底线。更加注重就业、产业、投资、消费、环保、区域等政策合理分工、紧密配合，才能形成高效协同的宏观经济治理体系。

高质量发展不只是一个经济要求，而是对经济社会发展方方面面的总要求，关系我国社会主义现代化建设全局。坚持以习近平经济思想为指导，加强党对经济工作的全面领导，完善党中央重大决策部署落实机制，坚持真抓实干，全面深化改革开放，大力提振市场信心，更好统筹疫情防控和经济社会发展，我们有信心有条件有能力推动经济运行整体好转，推动高质量发展再上新台阶，为全面建设社会主义现代化国家开好局起好步。

《人民日报》（2022年12月14日05版）

如何 推动高质量发展

> 拓展阅读

## 坚持系统观念、守正创新
### ——形成共促高质量发展的合力

人民日报评论部

奋斗决定收获,当下刻画未来。克服局地严重高温干旱等影响,2022年全年全国粮食总产量13730.6亿斤,连续8年稳定在1.3万亿斤以上;前三季度居民消费价格指数同比上涨2.0%,物价保持总体稳定;新动能新业态接续涌现,彰显发展活力;应对超预期因素冲击的宏观调控稳准有力,为市场主体纾困解难,前三季度新增市场主体2201.6万户……2022年以来,我国不断加大宏观政策调节力度,经济回稳向上基础不断巩固。

2022年,是党和国家历史上极为重要的一年。面对风高浪急的国际环境和艰巨繁重的国内改革发展稳定任务,以习近平同志为核心的党中央统筹国内国际两个大局,统筹疫情防控和经济社会发展,统筹发展和安全,推动发展质量稳步提升,保持了经济社会大局稳定。中央经济工作会议部署2023年经济工作,强调"要坚持系统观念、守正创新",要求更好统筹疫情防控和经济社会发展、更好统筹经济质的有效提升和量的合理增长、更好统筹供给侧结构性改革和扩大内需、更好统筹经济政策和其他政策、更好统筹国内循环和国际循环、更好统筹当前和长远。贯彻落实好"六个统筹"的重要任务，有助于推动经济固根基、扬优势、补短板、强弱项，努力实现发展质量、结构、规模、速度、效益、安全相统一。

坚持系统观念、坚持守正创新，是习近平新时代中国特色社会主义思想的重要方法论。经济社会发展是一个复杂系统，经济工作不能头痛医头、脚痛医脚，也不能眉毛胡子一把抓，必须加强前瞻性思考、全局性谋划、战略性布局、整体性推进。只有坚持系统观念，才能把握事物之间普遍联系，实现多重目标间动态平衡、整体推进。只有坚持守正创新，才能认识并运用社会矛盾运动规律，积极有效应对不稳定不确定因素。从扎实做好"六稳"工作、全面落实"六保"任务，到高效统筹疫情防控和经济社会发展，从善于"弹钢琴""转盘子"，到把政治经济、宏观微观、战略战术有机结合起来，我们能从容应对各类风险挑战，推动经济社会发展爬坡过坎、跃上新台阶，靠的就是以系统观念观大势、看问题、作决策，就是以守正创新统领干事创业、推动改革发展。

当前，我国经济恢复的基础尚不牢固，需求收缩、供给冲击、预期转弱三重压力仍然较大。抓好"六个统筹"对经济实现整体好转、社会大局保持稳定有重要意义。更好统筹疫情防控和经济社会发展，有助于科学防控、提振信心。更好统筹经济质的有效提升和量的合理增长，有助于推动高质量发展，夯实物质技术基础。更好统筹供给侧结构性改革和扩大内需，有助于加快构建新发展格局，让国民经济循环更加安全顺畅。更好统筹经济政策和其他政策，有助于经济社会发展各环节有效对接、紧密协同、相互促进。更好统筹国内循环和国际循环，有助于坚持高水平对外开放，提升国际循环质量和水平。更好统筹当前和长远，有助于掌握工作主动权、打好发展主动仗。

风雨无阻向前进，时与势在我们一边，人间正道在我们脚下。展望未来，习近平总书记特别强调："我们有社会主义市场经济的体制优势，有超大规模市场的需求优势，有产业体系配套完善的供给优势，有勤劳智慧的广大劳动者和企业家等人力优势，只要把各方面的优势和活力真正激发出来，就能够加快构建新发展格局，在激烈的国际市场竞争和大国战略博弈中始终立于不败之地。"目标越宏伟，任务越复杂，挑战越严峻，越要坚持系统观念、守正创新。从战略全局出发办好自己的事情，在矛盾变化中准确识变、科学应变、主动求变，必能推动各项政策效果持续显现，推动经济运行整体好转，努力完成经济社会发展目标任务，为全面建设社会主义现代化国家开好局起好步。

《人民日报》（2022 年 12 月 23 日 05 版）

# 更好统筹经济质的有效提升和量的合理增长
## ——形成共促高质量发展的合力

人民日报评论部

经济发展是质和量的有机统一。在供给侧，2022年1—11月全国规模以上工业增加值同比增长3.8%，平稳增长态势未变，新动能继续成长，高技术制造业增加值同比增长8.0%，新能源汽车产量同比增长100.5%，航空航天器及设备制造业、电子及通信设备制造业分别增长10.7%、13.5%；在需求侧，线上消费需求释放带动作用明显，2022年1—11月实物商品网上零售额同比增长6.4%，消费市场发展韧性持续显现。2022年以来，我国发展质量稳步提升，质的提升为量的增长提供持续动力，量的增长为质的提升提供重要基础，推动高质量发展取得了新成绩。

辩证认识和科学统筹经济发展质和量的关系，是我们党领导经济工作的重要经验。党的二十大报告强调，要"推动经济实现质的有效提升和量的合理增长"。不久前举行的中央经济工作会议，将2023年的宏观政策框架明确为五大政策加六个统筹，"六个统筹"其中之一就是"要更好统筹经济质的有效提升和量的合理增长"。这充分体现了我们推动实现高质量发展的坚定决心，为推动经济运行整体好转指明了方向、提供了遵循。2023年，需求收缩、供给冲击、预期转弱三重压力仍然较大，要坚持以质取胜，以量变的积累实现质变，在提高质量效益的基础上保持合理的经济增长。

从量变到质变的跃升，是社会主义市场经济发展的客观规律。从中长期看，经济没有"质"就不会有"量"，离开了"量"也谈不上"质"，量变积累形成质变。经济发展是一个螺旋式上升的过程，上升不是线性的，量积累到一定阶段，必须转向质的提升，我国经济发展也要遵循这一规律。坚持系统观念，统筹好质与量的关系，才能不断塑造新的竞争优势，支撑经济平稳健康发展，才能保持经济运行在合理区间，夯实提质增效的物质技术基础。新时代新阶段的发展必须是高质量发展，必须把发展质量摆在更为突出的位置，更好统筹经济质的有效提升和量的合理增长。这不是一时一地之举措，而是要贯穿全面建设社会主义现代化国家的整个过程，持续激发经济发展内生动力，充分调动一切积极因素，实现量质齐升的高质量发展，在强国之路上迈出更坚实步伐。

高质量发展是全面建设社会主义现代化国家的首要任务。2023年，世界经济增速可能明显下滑，我国经济有望总体回升，形成一个独立的向上运行轨迹。这条可预见的向上运行轨迹中，既有量的要素，更有质的内涵，我们必须付出艰苦努力，做好统筹兼顾、搞好综合平衡。新的发展阶段、新的使命任务和新的发展环境，对经济发展的质和量提出了更高、更为紧迫的要求。我们必须推动有效市场和有为政府更好结合，发挥好中央和地方两个积极性，把实施扩大内需战略同深化供给侧结构性改革有机结合起来，促进深化改革和完善政策协同发力，推动自立自强和开放合作相互促进，尽快形成全国上下竞相推动高质量发展的生动局面和强大合力。

把经济发展的质和量有机统一起来，实现协同并进，关键在于完整、准确、全面贯彻新发展理念，把握内涵、扎实工作。浙江着力扩大内需，聚焦先进制造、科技创新等领域重大项目建设，持续擦亮民营经济金名片；内蒙古加大力度保障国家能源安全，推进新能源开发建设、谋划新能源的全产业链发展；海南加快建设中国特色自由贸易港，进一步提振市场信心……当前，各地正在因地制宜部署2023年经济工作的重点任务，各具特色的生动局面正在打开，推动高质量发展的强大合力正在凝聚。继续坚持稳字当头、稳中求进工作总基调，通过质的有效提升引领量的合理增长，通过量的合理增长支撑质的有效提升，我们一定能守正创新统筹好经济发展的质和量，实现更高质量、更有效率、更加公平、更可持续、更为安全的发展。

《人民日报》（2022年12月29日05版）

## 更好统筹供给侧结构性改革和扩大内需
——形成共促高质量发展的合力

### 人民日报评论部

供给和需求是经济发展的一体两面。供给侧结构性改革方面，各地区各部门持续推进稳经济一揽子政策和接续措施全面落地见效，2022年1至11月全国基础设施投资同比增长8.9%，已连续7个月回升，顺应经济升级发展的制造业技改投资更是同比增长9.1%；扩大内需方面，多地大规模发放消费券，以真金白银提振信心、拉动消费，2022年1至11月全国网上零售额124585亿元，同比增长4.2%，自主品牌乘用车销量达1047.9万辆，同比增长24.2%。2022年以来，面对三重压力和超预期因素冲击，我国先后出台实施了一系列促进结构优化、扩大有效需求、推动供需更好衔接的措施，助力发展质量稳步提升。

供给和需求之间的平衡是相对的，不平衡是绝对的，由平衡到不平衡再到新的平衡是经济发展的客观规律。前不久举行的中央经济工作会议分析部署2023年经济工作，明确提出"六个统筹"，其中之一就是"更好统筹供给侧结构性改革和扩大内需"。这是党中央基于经济运行规律和国内外发展环境变化作出的战略部署，是积极应对不确定因素调整、增强发展主动性的长久之策，是全面建设社会主义现代化国家的实践要求。要坚持系统观念，统筹谋划优化供给和扩大内需，充分发挥超大规模市场优势，提升供给体系对国内需求适配性，努力实现高水平的供需良性循环和动态平衡。

大国经济具有内需为主导的显著特征。内需市场一头连着经济发展，一头连着社会民生，是经济发展的主要依托。牢牢把握扩大内需这个战略基点，实施扩大内需战略，是应对外部冲击、稳定经济运行的有效途径。当前需求不足是我国面临的突出矛盾，既有消费能力偏弱、消费场景受限等问题，也有民间投资偏弱、企业投资意愿下降等问题。纲举目张做好2023年经济工作，首要的便是"着力扩大国内需求",把恢复和扩大消费摆在优先位置,增强消费能力,改善消费条件,创新消费场景,多渠道增加城乡居民收入,支持住房改善、新能源汽车、养老服务等消费。

经济发展最终靠供给推动,从长期看是供给创造需求。供给侧结构性改革的主旨是提高供给体系质量和效率,提高经济全要素生产率和长期增长潜力。深化供给侧结构性改革是实现高质量发展的必由之路,是贯穿经济工作全过程的主线。当前和今后一个时期,制约我国经济发展的因素,供给和需求两侧都有,但矛盾的主要方面在供给侧,表现在供给存在卡点、堵点、脆弱点,供给结构不能适应需求结构变化。要通过高质量供给创造有效需求,在有需求但未得到有效满足的领域尽快优化供给结构,并推动新产业、新技术、新产品、新业态发展,以新供给创造新需求。

需求牵引供给,供给创造需求,两方面是统一的,不是对立的。更好统筹供给侧结构性改革和扩大内需,要加快推动已出台政策效应显现,着手推出更多新政策、新措施,要善于把经济发展中的堵点、痛点、难点、空白点转化为增长点。以新能源汽车产业为例,在供给侧和需求端双向发力下,2022年1至11月我国新能源汽车产销分别完成625.3万辆、606.7万辆,同比均增长1倍,呈现产销两旺的局面,带动了汽车产业的提质升级,也成为人民生活水平提高的重要发力点。事实证明,供给和需求有机结合点就是经济的增长点,抓住了、做好了,既能提升供给体系的质量和效率,又能扩大当期需求,未来产生高质量供给后,会进一步创造有效需求。只要我们创造有利的体制机制环境,采取适当的政策引导,就能够使这些结合点变成经济的增长点，推动经济实现质的有效提升和量的合理增长。

开局决定走向，起跑关乎全程。2023年是全面贯彻落实党的二十大精神的开局之年，做好2023年经济工作意义重大。更好统筹供给侧结构性改革和扩大内需，充分发挥超大规模市场的需求优势和产业体系配套完善的供给优势，通过高质量供给创造有效需求，支持以多种方式和渠道扩大内需，我们就一定能推动经济沿着高质量发展道路稳步前行。

《人民日报》（2023年01月04日05版）

# 更好统筹经济政策和其他政策
## ——形成共促高质量发展的合力

人民日报评论部

宏观政策是推动经济恢复、企稳向上的重要保障手段，也是促进经济社会发展提质增效的重要激励工具。2022年我国综合施策，坚持阶段性措施和制度性安排相结合、组合式手段并举，全年新增减税降费和退税缓税缓费预计超4万亿元；11月末，对实体经济发放的人民币贷款余额同比增长10.8%，企业贷款加权平均利率进一步降低，达到改革开放40多年来最低水平；"放管服"改革持续深化，推进更多服务事项网上办理，制定完善物流保通保畅措施，规范市场监督管理行政处罚裁量权……回首来时路，我国经济航船能在外部风浪的多轮冲击下保持平稳运行，一条重要经验就是持续强化政策联动，一系列宏观政策靠前发力、精准有力、形成合力，不断巩固经济回稳向上的基础。

习近平总书记强调："政策和策略是党的生命。"经济社会发展是一个系统工程，必须综合考虑政治和经济、现实和历史、物质和文化、发展和民生、资源和生态、国内和国际等多方面因素，对各方面政策进行统筹，实现相互支撑、促进。中央经济工作会议明确提出"六个统筹"，其中之一就是"更好统筹经济政策和其他政策"。会议在综合部署财政政策、货币政策的基础上，将产业政策、科技政策、社会政策纳入并进行统筹部署安排。做好2023年经济工作，我们要坚持系统观念、做好统筹兼顾，加大宏观政策实施力度，加强各类政策协调配合，形成共促高质量发展的合力。

牢牢把握高质量发展这个首要任务，各方面政策都要同向发力、互补协同，共同服务于高质量发展大局。中央经济工作会议强调"积极的财政政策要加力提效"，2023年要适度加大政策扩张的力度，提高政策效能，更好发挥财政撬动社会资金的杠杆作用；强调"稳健的货币政策要精准有力"，2023年货币政策力度要够，保持流动性合理充裕，投向结构要精准，尤其要支持小微企业、科技创新、绿色发展等领域；强调"产业政策要发展和安全并举""科技政策要聚焦自立自强""社会政策要兜牢民生底线"。加强政策协调配合，集聚起更强大政策合力，形成"1+1＞2"的效果，才能让社会总需求得到有效支撑，让社会总供求在一个比较高的水平和质量上取得平衡。

攻坚克难靠真抓，梦想成真在实干。确保宏观政策实施生效，离不开各地区各部门主动担责、积极作为。要以实践结果评价各方面贯彻落实成效。过去一年，围绕产业链供应链的短板弱项，多方政策协同发力，科技型中小企业研发费用加计扣除比例提高至100%，同时推出"科技创新再贷款"等结构性货币政策工具，搭建汽车、集成电路、医疗物资等协调平台，加快布局建设先进制造业产业集群……各方面政策握指成拳，为创新发展注入源源活水，共同促进了资源优势互补。接下来要进一步促进深化改革和完善政策协同发力，促进各项改革系统集成，要建立体现新发展理念、适应高质量发展要求的政策体系，要统筹发挥宏观政策作用，做好政策文件一致性评估工作，要加强监督检查、评估督导，要开展跟踪问效、严肃财经纪律，共同促进经济平稳健康发展。

充足的政策工具、高效的政策实施，为我国经济履险如夷、化危为机提供了坚实支撑。当前，我国经济发展面临很多两难多难问题，要在多重约束下求得最优解，必须遵循经济规律，坚持系统观念、守正创新。2022年已经出台实施的扩大有效需求、促进结构优化政策，该延续的延续，该优化的优化，2023年根据实际需要陆续出台新政策、新措施。增强全局观念，善于统筹协调，力促存量政策、增量政策同向发力，推动全面深化改革、实施宏观调控有效衔接，中国经济航船一定能劈波斩浪、行稳致远，驶向更开阔水域。

《人民日报》（2023年01月05日05版）

# 更好统筹国内循环和国际循环
## ——形成共促高质量发展的合力

**人民日报评论部**

自强彰显大国担当，合作谱写共赢篇章。一辆体格硕大、最大牵引组合总重达 250 吨的大件运输车在第五届进博会亮相，近日完成留购手续即将交付国内买家。中老铁路开通运营满一年，累计发送旅客 850 万人次、货物 1120 万吨。宝马集团沈阳里达工厂已投产，诺和诺德在天津第八次增资扩产，松下集团将冷链设备生产、销售等更多业务板块转移至中国。数据显示，2022 年前 11 个月，我国进出口总值达 38.34 万亿元，同比增长 8.6%；前 10 个月实际使用外资金额 10898.6 亿元，同比增长 14.4%。一份份亮眼"成绩单"，充分反映了我国推动内外循环顺畅联通、与世界共享市场机遇的决心与努力。

国民经济运行是一个周而复始、不断发展的过程。新发展格局决不是封闭的国内循环，而是开放的国内国际双循环，一方面要靠内循环牵引外循环，塑造我国参与国际经济合作和竞争新优势，另一方面要靠外循环促进内循环，在参与国际循环中提升国内大循环效率和水平。不久前举行的中央经济工作会议强调要坚持系统观念、守正创新，明确提出"六个统筹"，其中之一是"更好统筹国内循环和国际循环"，为我们统筹利用好国内国际两个市场两种资源指明了方向、提供了遵循。当前我国经济恢复的基础尚不牢固,三重压力仍然较大,必须围绕构建新发展格局,增强国内大循环内生动力和可靠性、提升国际循环质量和水平。

把发展立足点放在国内,集中精力办好自己的事情,才能在高质量发展中赢得历史主动。大国经济的优势在于内部可循环,"国内大循环"是国民经济循环的"主体"。我国拥有世界最完整的产业体系和潜力最大的内需市场,制造业规模占全球比重达30%,是全球制造业的重要枢纽。这是我们应对风险挑战的坚强保障和底气所在。习近平总书记在党的二十大报告中强调:"依托我国超大规模市场优势,以国内大循环吸引全球资源要素,增强国内国际两个市场两种资源联动效应,提升贸易投资合作质量和水平。"加快建设全国统一大市场,坚定实施扩大内需战略,促进数字经济和实体经济深度融合,我国超大规模市场优势既可稳固和扩大国内循环基本盘,又能撬动和带动国际循环。当今世界百年未有之大变局加速演进,全球经济复苏动力不足,唯有立足自身实际促进形成强大国内市场,把国内大循环畅通起来,加快补上我国产业链供应链短板弱项,保证产业体系自主可控和安全可靠,才能够不惧国际风云变幻,在激发自身增长动能的同时为世界经济注入新动力。

更好统筹国内循环和国际循环,就要使国内循环与国际循环相互促进、相得益彰。坚持高水平对外开放,发挥好开放对拓展循环空间的作用,深度参与全球产业分工和合作,维护多元稳定的国际经济格局和经贸关系,才能与外部世界良性互动,推动国内国际双循环相互促进。要提升国际循环质量和水平,贸易、投资、人才、技术、能源资源的国际循环都要进一步扩大规模、优化结构，主动对照相关国际规则、规制、管理、标准，深化国内相关领域改革。展望未来，在我国国民经济循环中，国际循环部分的比例可能不像以往那样高，但其绝对规模还会持续扩大，在全球产业分工格局中的地位会逐步上升，对国内循环质量的提升带动作用会更加凸显，对世界经济的影响会持续增大，给各国带来的发展机遇会持续增多。

艰难显勇毅，磨砺得玉成。我国经济运行仍面临不少风险挑战，但韧性强、潜力大、活力足，长期向好的基本面没有变。2023年发展有利因素增多，经济运行有望整体好转。保持战略定力，坚定必胜信心，加快构建新发展格局，更好统筹国内循环和国际循环，用好国内国际两个市场两种资源，我们一定能不断增强生存力、竞争力、发展力、持续力，妥善应对好各种可以预见和难以预见的狂风暴雨、惊涛骇浪，推动高质量发展再上新台阶，为全面建设社会主义现代化国家开好局起好步。

《人民日报》（2023年01月06日05版）

## 如何推动高质量发展

# 更好统筹当前和长远
## ——形成共促高质量发展的合力

人民日报评论部

在贵州，黔东南苗族侗族自治州计划加快剑黎高速公路等一批着眼长远发展的投资项目建设进度；在湖南，株洲市聚焦13条新兴优势产业链精准发力，进一步围绕新兴产业落子布局；在天津，自贸试验区抓紧制定促进外商投资的最新措施，打造规范透明的监管体系……一段时间以来，不少地方在出台经济政策时，既立足当前解难题、稳经济，更放眼长远谋布局、求实效，为未来发展添薪蓄力，凝聚起高质量发展的澎湃动能。

"事必有法，然后可成。"经济运行是个不断演化的动态过程，宏观政策的制定实施必须兼顾当前与长远，既要精准有力又要合理适度，既要着眼于现实问题的解决，又要有利于实现更高质量、更具韧性、更可持续的发展。中央经济工作会议提出"六个统筹"，其中一条就是"更好统筹当前和长远"，强调既要做好当前工作，又要为今后发展做好衔接。做好2023年经济工作，要更加注重目标导向和问题导向相结合、短期和中长期任务相贯通、发展需要和现实能力相统筹的科学工作方法。

当前和长远是辩证的统一，互为条件、相辅相成。落实党的二十大确定的目标任务，强调"既要狠抓当前，又要着眼长远，多办打基础、利长远的事";实现"双碳"目标,指出"既要立足当下,一步一个脚印解决具体问题,积小胜为大胜;又要放眼长远,克服急功近利、急于求成的思想";深入推进供给侧结构性改革,强调"要立足当前、着眼长远,从化解当前突出矛盾入手,从构建长效体制机制、重塑中长期经济增长动力着眼"……习近平总书记多次强调要"立足当前、着眼长远",将之作为一个重要的方法论。新时代这十年,从决不以牺牲环境为代价换取一时经济增长,到未雨绸缪始终绷紧粮食安全这根弦,再到有计划分步骤推进碳达峰碳中和,我们在党中央集中统一领导下统筹把握当前和长远的关系,有力推动了中国经济量稳质增。

当前,我国经济运行仍面临不少风险挑战。经济恢复基础尚不牢固,需求收缩、供给冲击、预期转弱三重压力仍然较大。更好统筹当前和长远,在着眼当前重点难点问题的同时,加强中长期战略谋划,多谋长远之策,多行固本之举,有针对性地部署对高质量发展、高效能治理具有牵引性的重大规划、重大改革、重大政策,有助于我们掌握工作主动权、打好发展主动仗。回望过去一年,我们宏观调控加大跨周期调节力度,发挥投资对优化供给结构的关键作用,新基建和高技术产业成为扩大投资的重点。统计显示,2022年1至11月份,在基础设施中信息传输业投资增长8.7%,高技术产业投资同比增长19.9%。具有前瞻性的宏观政策,不仅有助于稳住经济大盘,也不断厚植高质量发展的潜力后劲。新的一年,面对艰巨繁重的国内改革发展稳定任务和风高浪急的外部环境,我们更要统筹考虑短期应对和中长期发展,牢牢夯实

## 如何 推动高质量发展

经济社会可持续发展的根基。

党的二十大擘画了以中国式现代化全面推进中华民族伟大复兴的宏伟蓝图。这是一个长期的历史进程，我们既要葆有历史的耐心，又要有只争朝夕的紧迫；既要有干事创业的热情，又要有一步一个脚印的行动。一件事情接着一件事情办，一年接着一年干，才能脚踏实地把宏伟蓝图变成美好现实。2023年是全面贯彻落实党的二十大精神的开局之年，做好经济工作意义重大。我们要坚持以习近平经济思想为指导，加强党对经济工作的全面领导，把思想和行动统一到党的二十大精神和党中央关于经济工作的决策部署上来，以实打实的举措有效改善社会心理预期，提振发展信心，积极凝聚各方力量，以新气象新作为推动高质量发展取得新成效，为全面建成社会主义现代化强国、实现第二个百年奋斗目标打下更为坚实的基础和创造更多有利条件。

责任在心，呼唤踔厉奋发、勇往直前。既谋划长远、重塑中长期发展动力，又干在当下、化解突出矛盾，我们一定能推动实现高质量发展，在构建新发展格局中展现新气象新作为，把中国经济的潜力更加充分释放出来，交出不负时代、不负人民的发展答卷。

《人民日报》( 2023 年 01 月 09 日 05 版 )

## 第二编
## 构建高水平社会主义市场经济体制

坚持和完善社会主义基本经济制度,毫不动摇巩固和发展公有制经济,毫不动摇鼓励、支持、引导非公有制经济发展,充分发挥市场在资源配置中的决定性作用,更好发挥政府作用。深化国资国企改革,加快国有经济布局优化和结构调整,推动国有资本和国有企业做强做优做大,提升企业核心竞争力。优化民营企业发展环境,依法保护民营企业产权和企业家权益,促进民营经济发展壮大。完善中国特色现代企业制度,弘扬企业家精神,加快建设世界一流企业。支持中小微企业发展。深化简政放权、放管结合、优化服务改革。构建全国统一大市场,深化要素市场化改革,建设高标准市场体系。完善产权保护、市场准入、公平竞争、社会信用等市场经济基础制度,优化营商环境。健全宏观经济治理体系,发挥国家发展规划的战略导向作用,加强财政政策和货币政策协调配合,着力扩大内需,增强消费对经济发展的基础性作用和投资对优化供给结构的关键作用。健全现代预算制度,优化税制结构,完善财政转移支付体系。深化金融体制改革,建设现代中央银行制度,加强和完善现代金融监管,强化金融稳定保障体系,依法将各类金融活动全部纳入监管,守住不发生系统性风险底线。健全资本市场功能,提高直接融资比重。加强反垄断和反不正当竞争,破除地方保护和行政性垄断,依法规范和引导资本健康发展。

# 为发展马克思主义政治经济学作出原创性贡献

## 周 文

党的十八大以来，习近平总书记以马克思主义政治家、思想家、战略家的深刻洞察力、敏锐判断力、理论创造力，深刻总结并充分运用我国经济发展的成功经验，从新的实际出发，提出了一系列新理念新思想新战略，形成了习近平经济思想，指导我国经济发展取得历史性成就、发生历史性变革。习近平经济思想坚持马克思主义政治经济学基本原理和方法，集中体现了我们党对经济发展规律特别是社会主义经济建设规律的科学认识，为丰富和发展马克思主义政治经济学作出了重要原创性贡献，开拓了马克思主义政治经济学新境界。

不断深化对社会主义经济建设规律的认识。习近平经济思想强调加强党对经济工作的全面领导，维护党中央权威和集中统一领导，切实把党领导经济工作的制度优势转化为治理效能，提高党领导经济工作的能力和水平。这充分体现了我们党对社会主义经济建设规律认识的深化，丰富了马克思主义政治经济学关于经济与政治关系的理论。习近平经济思想坚持以人民为中心的发展思想，提出把人民放在心中最高位置，在发展中保障和改善民生，坚定不移走共同富裕道路，阐明了我国经济发展的根本立场，明确了社会主义生产目的，发展和深化了我们党对中国特色社会主义经济建设本质特征和根本目的的认识，丰富和发展了马克思主义政治经济学关于社会主义经济本质的理论。习近平经济思想将公有制为主体、多种所有制经济共同发展，按劳分配为主体、多种分配方式并存，社会主义市场经济体制都作为基本经济制度，发展和完善了社会主义基本经济制度，丰富了马克思主义政治经济学关于市场经济的理论。

科学回答新时代我国经济发展的一系列重大问题。习近平经济思想创造性地提出创新、协调、绿色、开放、共享的新发展理念，对社会主义经济发展中具有战略性、纲领性和引领性的重大问题作出全新阐释。新发展理念是一个系统的理论体系，回答了关于发展的目的、动力、方式、路径等一系列理论和实践问题，阐明了关于发展的政治立场、价值导向、发展模式、发展道路等重大政治问题，进一步科学回答了实现什么样的发展、怎样实现发展的问题，深刻揭示了实现更高质量、更有效率、更加公平、更可持续、更为安全的发展之路。新发展理念明确了我国现代化建设的指导原则，丰富发展了马克思主义政治经济学关于经济发展原则的理论，对社会主义经济发展规律作出了全新总结和概括，有力指导我国新的发展实践。

有效破解政府和市场关系这一经济学世界性难题。如何处理好政府和市场的关系，是市场经济的核心问题，也是一个经济学世界性难题。习近平经济思想强调使市场在资源配置中起决定性作用、更好发挥政府作用，提出把市场这只"看不见的手"和政府这只"看得见的手"结合起来，既充分发挥市场配置资源的决定性作用，实现效益最大化、效率最优化，又更好发挥政府作用，不缺位、不越位、不错位；既克服资本主义市场经济弊端，又发挥社会主义制度优越性；既在实践上实现了对西方经济发展模式的超越，又在理论上实现了对西方主流经济学关于市场和政府关系认知的超越，为形成具有中国特色的经济学学科体系、学术体系、话语体系提供了根本遵循。进入新发展阶段，我们要继续在社会主义与市场经济的结合上深化研究和实践，继续深化对政府和市场关系的认识，推动实现有效市场和有为政府更好结合。

《人民日报》（2023年01月31日09版）

# 新时代中国经济高质量发展的科学指南

黄先海　陈航宇

为深入学习贯彻习近平新时代中国特色社会主义思想特别是习近平经济思想,中央宣传部、国家发展改革委组织编写了《习近平经济思想学习纲要》(以下简称《纲要》)。《纲要》全面反映习近平新时代中国特色社会主义思想在经济领域的原创性贡献,系统阐述我国经济发展的根本保证、根本立场、历史方位、指导原则、路径选择、鲜明主题、制度基础、战略举措、第一动力、主要着力点、重要法宝、重要保障和方法论等一系列重大理论与实践命题,是新时代我国经济高质量发展的科学指南。

## 马克思主义政治经济学中国化时代化的最新成果

习近平经济思想坚持把马克思主义政治经济学基本原理同中国

实际和时代特征相结合，创造性提出一系列关于我国经济发展的新理念新思想新战略，集中体现了我们党对经济发展规律特别是社会主义经济建设规律的深刻洞见，为丰富发展马克思主义政治经济学作出了重要原创性贡献。

创造性提出加强党对经济工作的全面领导的重大理论观点，丰富发展了马克思主义政治经济学关于经济和政治关系的理论。强调要发挥党在经济社会发展中的领导核心作用，善于从讲政治的高度做经济工作，坚持和完善党领导经济工作的体制机制，提高党领导经济工作的科学化、法治化水平和专业化能力，切实把党领导经济工作的制度优势转化为治理效能。

创造性提出坚持以人民为中心的发展思想，丰富发展了马克思主义政治经济学关于社会主义经济本质的理论。强调以人民为中心的发展思想要体现在经济社会发展各个环节，必须坚持一切为了人民、一切依靠人民，始终把人民放在心中最高位置，把人民对美好生活的向往作为奋斗目标，在发展中保障和改善民生，坚定不移走共同富裕的道路。

创造性提出树立和坚持新发展理念，丰富发展了马克思主义政治经济学关于经济发展原则的理论。强调坚持新发展理念是关系我国发展全局的一场深刻变革，要把新发展理念作为一个整体贯彻到经济社会发展全过程和各领域，从根本宗旨、问题导向、忧患意识把握新发展理念，做到崇尚创新、注重协调、倡导绿色、厚植开放、推进共享。

创造性提出我国经济已由高速增长阶段转向高质量发展阶段的

重大论断，丰富发展了马克思主义政治经济学关于经济发展阶段的理论。强调我国经济正在向形态更高级、分工更复杂、结构更合理的阶段演化，要准确认识我国经济发展的阶段性特征，立足新发展阶段推动高质量发展，为科学把握新时代我国经济发展的历史方位提供了根本遵循。

创造性提出推进完善社会主义市场经济体制的重要思想，丰富发展了马克思主义政治经济学关于市场经济的理论。强调要充分发挥市场在资源配置中的决定性作用，更好发挥政府作用，着力解决市场体系不完善、政府干预过多、监管不到位问题，积极稳妥从广度和深度上推进市场化改革，切实转变政府职能、创新监管方式、加强和优化公共服务，建设人民满意的服务型政府。

创造性提出供给侧结构性改革的重大方针，丰富发展了马克思主义政治经济学关于生产和需要关系的理论。强调我国经济发展最突出的问题是有效供给不足带来的结构性失衡问题，要从供给侧、结构性改革上想办法、定政策，通过优化要素配置和调整生产结构来提高供给体系质量和效率，实现由低水平供需平衡向高水平供需平衡跃升。

创造性提出构建新发展格局的重大战略，丰富发展了马克思主义政治经济学关于社会再生产的理论。强调加快构建以国内大循环为主体、国内国际双循环相互促进的新发展格局，把构建新发展格局同实施区域重大战略、区域协调发展战略、主体功能区战略、建设自由贸易试验区等有机衔接起来，全面塑造我国参与国际合作和竞争的新优势。

创造性提出推动经济全球化健康发展的重要思想，丰富发展了马克思主义政治经济学关于世界经济的理论。强调从构建人类命运共同体的战略高度出发，深入参与经济全球化进程，倡导平等、开放、合作、共享的全球经济治理观，推动经济全球化朝着更加开放、包容、普惠、平衡、共赢的方向发展。

## 我国进入新发展阶段、贯彻新发展理念、构建新发展格局的战略指引

习近平经济思想坚持目标导向和问题导向相结合，在深刻总结国内外发展经验教训和深入分析国内外发展大势的基础上形成新发展理念，科学回答了实现什么样的发展、怎样实现发展的问题，是我国进入新发展阶段、贯彻新发展理念、构建新发展格局的战略指引。

坚持创新发展，解决发展动力问题。创新是引领发展的第一动力，是建设现代化经济体系的战略支撑。我国深入实施创新驱动发展战略，取得明显成效，但仍存在原始创新能力不强、创新整体效能不高、科技创新资源整合不够、科技创新力量布局有待优化等问题。坚持创新发展，必须把创新摆在国家发展全局的核心位置，推进科技自立自强，强化国家战略科技力量，打好关键核心技术攻坚战，进一步突出企业的技术创新主体地位，加快建设世界重要人才中心和创新高地。

坚持协调发展，解决发展不平衡问题。协调既是发展手段又是

发展目标，同时还是评价发展的标准和尺度。我国发展不协调是一个长期存在的问题，突出表现在区域、城乡、经济和社会、物质文明和精神文明等关系上。推动协调发展，要坚持发展两点论和重点论的统一、发展平衡和不平衡的统一、发展短板和潜力的统一，着力增强发展的整体性协调性。

坚持绿色发展，解决人与自然和谐共生问题。保护生态环境就是保护生产力，改善生态环境就是发展生产力。改革开放以来，我国经济发展取得历史性成就，也积累了大量生态环境问题，广大人民群众热切期盼加快提高生态环境质量。推动绿色发展，要坚持绿水青山就是金山银山的理念，建立健全绿色低碳循环发展的经济体系，推进经济社会发展全面绿色转型，确保实现碳达峰、碳中和目标。

坚持开放发展，解决发展内外联动问题。对外开放是我国的基本国策，任何时候都不能动摇，当前的关键是提高对外开放的质量和发展的内外联动性。坚持开放发展，必须树立全球视野，全面谋划全方位对外开放大战略，以更加积极主动的姿态走向世界，坚持实施更大范围、更宽领域、更深层次对外开放，建设更高水平开放型经济新体制，以扩大开放带动创新、推动改革、促进发展。

坚持共享发展，解决社会公平正义问题。改革发展搞得成功不成功，最终的判断标准是人民是不是共同享受到了改革发展成果。我国经济发展的"蛋糕"不断做大，但在共享改革发展成果上还有不完善的地方。推动共享发展，要按照人人参与、人人尽力、人人共享的要求，坚持全民共享、全面共享、共建共享、渐进共享，构建初次分配、再分配、三次分配协调配套的基础性制度安排，全面保障人民在各方面的合法权益。

## 推动新时代我国经济高质量发展

时代是思想之母，实践是理论之源。我们要坚持以习近平经济思想为指导，深入推进供给侧结构性改革，加快建设现代化经济体系，不断推动质量变革、效率变革、动力变革，开创新时代我国经济高质量发展新局面。

加快构建新发展格局。既要加强国内大循环在双循环中的主导作用，又要重视以国际循环提升国内大循环效率和水平，促进经济循环畅通无阻。加快建设全国统一大市场，对各类市场主体一视同仁，打造统一的要素和资源市场，进一步规范不当市场竞争和市场干预行为。加快培育完整内需体系，提升传统消费，鼓励发展消费新模式新业态。畅通经济循环中的堵点、断点，推动产业链供应链优化升级，促进各种生产要素的组合在生产、分配、流通、消费各环节有机衔接，实现经济在高水平上的动态平衡。

加快完善社会主义市场经济体制。既要发挥市场经济的长处，又要发挥社会主义制度的优越性，实现有效市场和有为政府更好结合。加快建设高标准市场体系，扩大要素市场化配置范围，健全以公平为核心原则的产权保护制度，打造市场化法治化国际化营商环境。健全宏观经济治理体系，强化财政政策、货币政策的逆周期调节作用，为各类主体创造公平竞争的市场环境。依法规范和引导资

## 如何推动高质量发展

本健康发展，为资本设置"红绿灯"，全面提升资本治理效能，促进各类资本良性发展、共同发展。

加快建设更高水平开放型经济新体制。吸引和集聚国际优质资源，支持企业充分利用国际国内两个市场、两种资源。坚持高质量引进来，健全外商投资准入前国民待遇加负面清单管理制度，健全外商投资国家安全审查等制度，建立健全跨境服务贸易负面清单管理制度。实现高水平走出去，推动共建"一带一路"高质量发展，创新对外投资方式，健全促进和保障境外投资的法律、政策和服务体系。全面提升对外开放平台能级，加快推进海南自由贸易港建设，完善自由贸易试验区布局，推进高标准自由贸易区网络与自由贸易试验区网络融合发展。

《人民日报》（2022年08月25日11版）

# 新时代中国金融发展的根本遵循

何德旭

金融是现代经济的核心,关系发展和安全。党的十八大以来,习近平总书记高度重视金融工作,在多个重要场合就金融发展问题发表重要讲话,对做好金融工作作出重要指示。习近平总书记关于金融发展的重要论述内涵丰富、思想深刻,是习近平新时代中国特色社会主义经济思想的重要组成部分,为做好新时代金融工作、推动中国金融高质量发展奠定了坚实理论基础、提供了根本遵循。

## 深入阐释金融的本质宗旨和功能定位

当前,世界百年未有之大变局和新冠肺炎疫情全球大流行交织影响,世界经济复苏艰难,世界各国金融发展面临着许多相似的难题,比如,如何妥善处理好经济与金融的关系、如何有效防范和化解金融风险、如何最大限度解决中小企业融资难问题、如何统筹金融发展与金融安全等等。习近平总书记关于金融发展的重要论述，深入阐释金融的本质宗旨和功能定位，明确了中国金融发展的目标和方向，也为世界各国尤其是发展中国家破解金融难题贡献了中国智慧。

阐明金融的本质和宗旨。习近平总书记指出："金融是实体经济的血脉，为实体经济服务是金融的天职，是金融的宗旨，也是防范金融风险的根本举措。"对金融本质和宗旨的科学界定，为进一步认清金融功能定位、推动金融健康发展提供了科学指引。金融业坚持为实体经济服务的宗旨，就要完整、准确、全面贯彻新发展理念，把为实体经济服务作为出发点和落脚点，推进金融供给侧结构性改革，构建金融有效支持实体经济的体制机制，积极服务国家重大战略实施和培育新动能，降低社会综合融资成本，不断为实体经济注入"源头活水"。

明确金融的极端重要性。习近平总书记强调："金融是国家重要的核心竞争力，金融安全是国家安全的重要组成部分，金融制度是经济社会发展中重要的基础性制度。"习近平总书记的重要论述，深刻阐明了金融在经济发展和社会生活中的极端重要性。党的十八大以来，我国金融业发展取得历史性成就，金融改革开放有序推进，金融产品日益丰富，金融服务普惠性增强，金融监管得到加强和改进，但金融业的市场结构、经营理念、创新能力、服务水平还不适应经济高质量发展的要求。要抓住完善金融服务、防范金融风险这个重点，优化融资结构和金融机构体系、市场体系、产品体系，推动金融业高质量发展；切实把维护金融安全作为治国理政的一件大事，筑牢金融安全网，守住不发生系统性金融风险的底线。

揭示经济与金融共生共荣的辩证关系。习近平总书记指出："金融活，经济活；金融稳，经济稳""经济兴，金融兴；经济强，金融强""经济是肌体，金融是血脉，两者共生共荣"。习近平总书记的重要论述，深刻揭示了经济与金融的辩证关系。推动金融发展，必须牢牢把握其与经济共生共荣的关系，适应技术创新这一经济增长动力引擎的要求，既重视对前沿创新项目的金融支持，又重视对中小企业创新的金融支持，促进提高科技成果转化率；适应提高全要素生产率的要求，发挥好政府和市场的作用，引导资金向优质科技创新企业集聚；适应经济可持续发展的要求，继续大力发展绿色金融，鼓励绿色信贷、绿色债券、绿色保险、绿色指数等相关产品创新，支持和促进生态文明建设。

## 深刻揭示我国金融发展的特点和规律

习近平总书记关于金融发展的重要论述，运用马克思主义的立场观点方法，深刻揭示了新时代中国金融发展的特点和规律。

加强党对金融工作的领导。习近平总书记指出，必须加强党对金融工作的领导。党的领导是中国特色社会主义最本质的特征，是中国特色社会主义制度的最大优势。加强党对金融工作的领导，既是中国金融发展的特色，也是中国金融发展的优势。我国经济已由高速增长阶段转向高质量发展阶段，正处在转变发展方式、优化经济结构、转换增长动力的攻关期。只有加强党的领导，才能确保我国金融改革发展始终坚持正确前进方向；才能强化全局观念、系统思维、前瞻意识，主动消除风险隐患，及时防控金融风险，以金融资源的高效合理配置推动经济高质量发展。

走出中国特色金融发展之路。习近平总书记指出，要深化对金融本质和规律的认识，立足中国实际，走出中国特色金融发展之路。中国金融业在不断发展的过程中，逐步形成了具有鲜明特色的金融机构体系、金融市场体系、金融监管架构、金融风险防范机制、金融改革与开放格局等。发展金融业需要学习借鉴国外有益经验，但不能照抄照搬他国道路和模式。必须立足国情，从我国实际出发，准确把握我国金融发展特点和规律，走出中国特色金融发展之路。

明确做好金融工作的重要原则。在2017年7月召开的全国金融工作会议上，习近平总书记提出了做好金融工作要把握好的四项重要原则。一是回归本源，服从服务于经济社会发展；二是优化结构，完善金融市场、金融机构、金融产品体系；三是强化监管，提高防范化解金融风险能力；四是市场导向，发挥市场在金融资源配置中的决定性作用。这四项重要原则，既是对我国金融发展经验教训的系统总结提炼，也是对未来我国金融发展的具体要求，具有重要指导意义。

揭示金融基本运行逻辑。习近平总书记强调，紧紧围绕服务实体经济、防控金融风险、深化金融改革三项任务，创新和完善金融调控，健全现代金融企业制度，完善金融市场体系，推进构建现代金融监管框架，加快转变金融发展方式，健全金融法治，保障国家金融安全，促进经济和金融良性循环、健康发展。这揭示了金融基本运行逻辑。这三项任务紧密联系、相互作用，是一个不可分割的有机整体。服务实体经济是金融的天职和宗旨，也是防控金融风险的根本举措；防控金融风险是发挥金融服务实体经济作用的前提，也是深化金融改革的一个重要目标；深化金融改革、扩大金融开放，创新和完善金融调控，强化金融监管，实现金融资源优化配置，可以有效防范系统性金融风险，促进金融更好服务于实体经济。

## 以系统观念推动我国金融高质量发展

系统观念是具有基础性的思想和工作方法。习近平总书记关于金融发展的重要论述和对金融工作的部署要求，是坚持系统观念的生动体现。从直接融资到间接融资，从银行体系到资本市场，从金融风险防控到为实体经济服务，从金融改革到金融开放，习近平总书记站在党和国家事业发展全局的高度，既立足国内又放眼世界，既立足当前又着眼长远，全面、客观地分析了我国金融发展面临的形势和任务、应该遵循的方针和原则。在习近平新时代中国特色社会主义思想的科学指引下，我国金融改革不断深化，金融体系、金融市场、金融监管和调控体系日益完善，金融机构实力大大增强，我国已成为重要的世界金融大国。

系统推进制度建设，健全现代金融体系。健全现代金融体系，构建金融有效支持实体经济的体制机制，是金融高质量发展的重要保障。习近平总书记强调，健全现代金融企业制度；加强宏观审慎管理制度建设；完善资本市场基础性制度；形成融资功能完备、基础制度扎实、市场监管有效、投资者合法权益得到有效保护的多层次资本市场体系；推进"一带一路"建设金融创新，搞好相关制度设计；完善金融从业人员、金融机构、金融市场、金融运行、金融治理、金融监管、金融调控的制度体系；以防范系统性金融风险为底线，加快相关法律法规建设；等等。这些重要论述为健全具有高度适应性、竞争力、普惠性的现代金融体系指明了方向、提供了遵循。

坚持问题导向，找准金融服务重点。习近平总书记指出，要构建多层次、广覆盖、有差异的银行体系。近年来，我们坚持以市场需求为导向，积极开发个性化、差异化、定制化金融产品，增加中小金融机构数量和业务比重，把更多金融资源配置到经济社会发展的重点领域和薄弱环节，更好满足人民群众和实体经济发展的多样化金融需求，着力解决金融脱实向虚问题。针对小微企业融资难、融资贵的突出问题，习近平总书记指出，建设普惠金融体系，加强对小微企业、"三农"和偏远地区的金融服务。近年来，金融监管部门和金融机构在解决小微企业融资难融资贵问题上取得了显著成效。特别是新冠肺炎疫情发生以来，中国人民银行创设了直达实体经济的创新货币政策工具，实现了对实体经济的精准支持。

秉持全局观念，谋划金融协调发展。习近平总书记指出，要围绕建设现代化经济的产业体系、市场体系、区域发展体系、绿色发展体系等提供精准金融服务，构建风险投资、银行信贷、债券市场、股票市场等全方位、多层次金融支持服务体系。金融发展是一项系统工程，只有坚持全局观念，以全面系统的战略思维统筹兼顾、系统安排，才能实现高质量发展。新时代的中国金融发展，不仅要瞄准系统薄弱环节精准发力，而且要深入研究金融体系各要素的关联性和各项举措的耦合性，使各项举措在政策取向上相互配合、在实施过程中相互促进、在实施成效上相得益彰。

加强金融监管，有效防范系统性金融风险。党中央强调，要把防控金融风险放到更加重要的位置，牢牢守住不发生系统性风险底线；按照稳定大局、统筹协调、分类施策、精准拆弹的方针，抓好风险处置工作。党的十八大以来，我们采取了一系列措施加强金融监管：一是加强金融监管协调、补齐监管短板；二是不断强化中国人民银行宏观审慎管理和系统性风险防范职责；三是强化地方监管责任，强化属地风险处置责任；四是培育恪尽职守、敢于监管、精于监管、严格问责的监管精神，形成严肃监管氛围；五是健全风险监测预警和早期干预机制，加强金融基础设施的统筹监管和互联互通，推进金融业综合统计和监管信息共享；等等。这些措施遵循市场化法治化原则，妥善处理稳增长和防风险的关系，有力维护了金融安全和稳定。

《人民日报》（2022年06月23日10版）

# 宏观经济政策多重积极效应持续显现

中国宏观经济研究院

近年来,在习近平新时代中国特色社会主义思想指导下,我国宏观经济治理思路不断创新完善,治理能力稳步提升。2022年以来,我国加大宏观政策调节力度,高效统筹疫情防控和经济社会发展,政策出台实施有力有效,政策组合拳的时间效应、集成效应、协同效应、引导效应、创新效应持续显现,保持了经济社会发展大局总体稳定。

## 不断增强和发挥时间效应

针对经济社会发展面临需求收缩、供给冲击、预期转弱三重压力,我国加大宏观政策调节力度,加快落实已经确定的政策,抓紧谋划增量政策工具,加大相机调控力度,对于稳定宏观经济大盘起到了关键作用。

政策效果初步显现。按照2021年底召开的中央经济工作会议的部署安排，各地区、各部门迅速反应，靠前安排、靠前发力成为2022年宏观经济治理的主基调。一季度，中央财政加快了对地方转移支付的拨付进度，财政预算资金的支出进度和地方政府专项债券发行进度也不断加快。1—4月份，全国发行地方政府债券约2.1万亿元，同比增加4000多亿元。与此同时，货币政策打足提前量，为市场提供合理充裕流动性，同时着力降低企业综合融资成本，增强对实体经济发展的支持力度。1—4月份，企业贷款利率比2021年全年水平下降0.22个百分点至4.39%，为中国人民银行有统计记录以来的低位。得益于财政、货币等宏观经济政策出台早、落地早，政策效果逐步显现，我国主要宏观经济指标实现平稳运行，国民经济延续恢复发展态势，主要消费品供给稳定，物价保持稳定温和上涨，民生持续改善，居民生活秩序井然。

政策出台持续加力。2022年二季度以来，面对疫情冲击和我国经济发展环境复杂性、严峻性、不确定性上升的形势，党中央把稳增长放在更加突出的位置，各部门也相继出台了力度更大、节奏更快的稳经济政策。4月26日，习近平总书记主持召开中央财经委员会会议，研究全面加强基础设施建设问题。4月29日召开的中央政治局会议，分析研究当前经济形势和经济工作，强调加大宏观政策调节力度，扎实稳住经济。5月以来，国家发展改革委、财政部、工业和信息化部等经济主管部门积极行动，在盘活基础设施等存量资产、确保能源正常供应、支持地方落实好留抵退税和其他减税降费政策、提振工业经济等方面出台了一系列政策，着力稳住经济。

随着疫情防控取得显著成效，复工复产有序推进，近期出台的扩大内需、助企纾困、保障民生等一系列政策效应逐步显现，经济运行加快改善并加速回归正常轨道。5月份，我国制造业采购经理指数、非制造业商务活动指数和综合PMI产出指数同步回升。

## 不断增强和发挥集成效应

宏观经济治理是一项系统工程，涉及经济社会发展的方方面面。近期的宏观经济政策出台实施，始终坚持国家发展规划的战略导向作用，完善财政政策和货币政策手段，健全就业、产业、投资、消费、区域等配套政策，充分发挥各类政策措施的集成效应，共同推动经济平稳健康发展。

战略导向目标明确。坚持运用中长期规划指导经济社会发展实践，努力把促进经济转型升级与满足人民群众对美好生活的向往等目标紧密结合起来，将"十四五"规划中的主要任务分解到年度计划中，加快推进规划落实，加快安排和推进"两新一重"工程项目建设，实现扩内需和补短板有机结合，促进短期经济持续恢复，增强中长期经济发展后劲。

财政和货币政策各显其能。积极的财政政策提质增效，在扩大财政支出规模基础上，加快对制造业、小微企业退税减税降费，完善优化阶段性降成本政策安排。稳健的货币政策灵活适度，在健全基础货币投放机制、保持货币信贷与社会融资规模适度增长的同时，进一步强化政策工具总量和结构双重功能，增强金融政策普惠性，引导金融机构加大对实体经济特别是小微企业、科技创新、绿色发展的支持力度。

配套举措形成合力。就业优先政策加大稳岗促就业力度，着力解决高校毕业生等青年群体就业问题，健全灵活就业劳动用工和社会保障政策。产业政策强化对技术创新和结构升级的支持，全力保障产业链供应链稳定运行。投资政策着眼于积极扩大有效投资，充分发挥有效投资的关键作用。消费政策致力于提升居民消费能力，激发消费活力，进一步释放消费潜力，促进消费持续恢复。区域政策着力优化重大生产力布局、增强城乡区域发展的平衡性协调性，推进城乡区域协调发展和乡村全面振兴。

## 不断增强和发挥协同效应

为了更好发挥各项政策举措的协同效应，我们坚持完善宏观经济政策的制定和执行机制，建立健全宏观经济政策协调和工作协同机制，促进各项政策措施协调联动、同向而行，努力推动经济发展尽快回归正常轨道，促进经济发展总量平衡、结构优化、内外均衡。

部门协同发力。2022年围绕全年经济社会发展目标任务，着眼于更加灵活有序高效地服务于稳定宏观经济大盘，国家发展改革委、财政部、中国人民银行等经济管理部门各司其职，从保持经济增长、促进居民就业、稳定市场物价、平衡国际收支等方面着手，加强总量指标与结构性指标的有机衔接，下更大力气抓好已出台政策的落实，积极谋划增量政策工具，着力稳住经济基本盘。

央地联动共进。中央政治局对稳经济稳就业稳市场作出全面部署，要求全力扩大国内需求、稳住市场主体、做好能源资源保供稳价工作、切实保障和改善民生等。各地自觉响应和全面贯彻落实党中央精神，在充分考虑自身实际的基础上，因地制宜制定符合地方发展实际的特色政策，并分步骤有条理地加以落实，努力形成做好"六稳""六保"工作的强大合力。

政企深化合作。为消除疫情对产业链供应链安全稳定运行的冲击，各级政府主动了解市场主体诉求，充分听取企业意见建议，积极帮助协调解决企业面临的紧迫问题，全力打通制约产业链供应链安全稳定运行的卡点堵点，确保链上核心企业正常生产经营，并带动上下游大中小配套企业协同复工复产，努力实现有效市场和有为政府更好结合。

内外互动加强。积极应对国际大宗商品价格高位震荡、一些主要经济体通胀高企等复杂严峻形势，在主动参与国际宏观经济政策沟通协调的同时，加快建设全国统一大市场，全力做好能源、粮食、矿产品等大宗商品保供稳价工作。持续改善外资发展的营商环境，加力提效支持外贸外资稳定发展。统筹国内国际两个市场、两种资源，逐步形成内外良性互动的经济循环机制。

## 不断增强和发挥引导效应

强化预期管理，增强政策的前瞻性、指导性，是近期宏观经济政策的显著特征之一。通过健全宏观经济政策信息发布机制等措施，及时有效引导和改善市场预期，增强了人民群众对我国经济高质量发展的信心。

宏观经济政策信息发布机制日益健全。国家统计局定期发布宏观经济运行数据和专家分析报告，答疑解惑。国家发展改革委积极举办月度经济形势发布会，广泛回应社会关注的热点问题。中国人民银行及时发布每季度货币政策执行报告，做好政策宣传解读。其他相关部门也不断完善政策信息发布平台和机制，努力增强政策透明度，加强跨部门跨地区信息交流共享，协同稳定市场预期。

宏观经济监测和风险防控能力不断提高。经济主管部门积极强化基于大数据的经济监测预警能力，定期召开专家研讨会、行业分析会、企业座谈会等，适时及时对宏观经济把脉问诊，加强对各领域苗头性、倾向性、潜在性问题的研判，并根据经济运行中出现的新情况新问题及时调整完善政策措施，增强了政策的连续性、应变性、可预期性。强化风险意识，紧密跟踪分析重点领域、主要市场的风险变化，加强不同领域风险监测联防联控，及时做好相关处置预案，坚决守住不发生系统性风险底线。同时，宏观经济政策出台评估更加客观审慎，积极出台对市场有利的政策，慎重出台收缩性政策，避免出现政策性风险。

## 不断增强和发挥创新效应

近期出台的宏观经济政策在思路理念、方式方法、工具手段等方面都带有创新性，有力提高了我国宏观经济治理的相机抉择能力和水平，有利于统筹实现稳增长、调结构、促改革、惠民生、防风险等多重目标任务。

理念思路创新落到实处。强化定向调控，针对经济发展中的结构性因素，牢牢抓住经济社会发展的关键领域和薄弱环节，从供给端发力，更多依靠市场力量，更多运用改革办法，进行"喷灌""滴灌"，不搞"大水漫灌"。强化趋势调控，针对经济发展中的周期性因素，注重从需求端发力坚定扩大内需。做好"灵巧调控"，在尊重经济发展客观规律基础上，注重发挥宏观经济政策"四两拨千斤"的作用，坚持用更精巧的调控办法、更小的代价取得更大的治理效果。

方式方法创新运用到位。坚持把跨周期和逆周期宏观调控政策有机结合起来，不断健全完善跨周期政策设计和逆周期调节机制，统筹推进短期周期性问题和中长期结构性问题的解决。既以传统逆周期调节中常用的货币政策和财政政策影响总需求，又通过供给侧结构性改革优化要素配置和调整生产结构来提高供给体系质量和效率，推进经济结构调整和重大生产力布局优化，促进经济总量和结构双平衡。

工具手段创新执行有效。更加强调直面市场主体以及间接调控与直接调控相结合，既提高政策的时效性，又改善宏观经济运行的微观基础。创新实施一系列供给侧结构性改革措施，推动实现供给侧调控工具与需求侧管理手段更好配合，充分发挥供给对需求的适配和引领作用，推动我国经济在增速换挡中实现更高水平的供需动态平衡。

《人民日报》( 2022 年 06 月 16 日 09 版 )

# 为民族复兴提供更为坚实的物质基础

王一鸣

党的十八大以来，以习近平同志为核心的党中央在团结带领全党全国各族人民推进中国特色社会主义经济建设的伟大实践中，创立了习近平新时代中国特色社会主义经济思想。在习近平新时代中国特色社会主义经济思想的科学指引下，我国经济建设取得历史性成就、发生历史性变革，取得一系列突破性进展和标志性成果。

## 习近平新时代中国特色社会主义经济思想引领我国经济建设变革性实践

党的十八大以来，中国特色社会主义进入新时代，我国经济由高速增长阶段转向高质量发展阶段，改革发展稳定任务艰巨繁重，很多情况是改革开放以来没有碰到过的。与此同时，世界正在经历百年未有之大变局，新一轮科技革命和产业变革迅猛发展，经济全球化遭遇逆流，国际力量对比深刻变化。新冠肺炎疫情全球大流行使大变局加速演变，世界进入动荡变革期。面对新形势新挑战，以习近平同志为核心的党中央科学把握世界发展大势和我国发展阶段性特征，全面系统回答了我国经济建设一系列重大理论和实践问题，创立了习近平新时代中国特色社会主义经济思想。

以新发展理念为主要内容的习近平新时代中国特色社会主义经济思想，是马克思主义政治经济学同中国具体实际相结合的最新理论成果，是对中国特色社会主义经济建设规律认识的升华，是我们党推进经济理论创新的最新成果，为我国在新时代推进社会主义经济建设提供了行动指南和根本遵循。在习近平新时代中国特色社会主义经济思想科学指引下，我们把新发展理念贯彻到经济社会发展全过程和各领域，在经济建设领域推动一系列深层次变革性实践。

加强党对经济工作的战略谋划和集中统一领导。党的领导是中国特色社会主义制度的最大优势。党的十八大以来，习近平总书记反复强调要加强党对经济工作的集中统一领导，提高党把方向、谋大局、定政策、促改革的能力和定力。党的十八届五中全会、党的十九大、党的十九届五中全会和历次中央经济工作会议集中对我国发展作出部署。中央政治局常委会会议和中央政治局会议经常性研究经济工作，中央财经委员会、中央全面深化改革委员会经常召开会议，加强对经济建设和改革发展的前瞻性思考、全局性谋划、战略性布局、整体性推进。我们党坚持以人民为中心的发展思想，把增进人民福祉、促进人的全面发展、朝着共同富裕方向稳步前进作为经济发展的出发点和落脚点，引领中国经济巨轮始终沿着正确航向前行。

坚持和完善社会主义基本经济制度。社会主义基本经济制度在经济制度体系中具有基础性决定性地位。党的十八届三中全会明确经济体制改革是全面深化改革的重点，核心问题是处理好政府和市场的关系，使市场在资源配置中起决定性作用，更好发挥政府作用，实现了社会主义市场经济理论的重大突破。党的十九届四中全会把公有制为主体、多种所有制经济共同发展，按劳分配为主体、多种分配方式并存，社会主义市场经济体制等作为社会主义基本经济制度，实现了社会主义基本经济制度理论的重大突破。公有制经济和非公有制经济都是社会主义市场经济的重要组成部分，都是我国经济社会发展的重要基础。党的十八大以来，我们坚持"两个毫不动摇"，支持国有资本和国有企业做强做优做大，促进非公有制经济健康发展和非公有制经济人士健康成长，为激发各类市场主体活力，不断解放和发展社会生产力提供了制度保障。

实施创新驱动发展战略。创新是引领发展的第一动力。党的十八大后，党中央提出全面实施创新驱动发展战略、建设世界科技强国。党的十九大以来，党中央全面科学分析国际科技创新竞争态势，坚持把科技创新摆在国家发展全局的核心位置，把科技自立自强作为国家发展的战略支撑。加强国家战略科技力量，制定实施战略性科学计划和科学工程，布局建设综合性国家科学中心和区域性创新高地。加强基础前沿研究，努力在原始创新上取得新突破。推进关键核心技术攻关和自主创新，实施一批具有前瞻性、战略性的国家重大科技项目,我国科技事业实现了历史性、整体性、格局性重大变化,科技实力正在从量的积累迈向质的飞跃、从点的突破迈向系统能力提升。

坚持以供给侧结构性改革为主线,以高质量发展为主题。把解决供给侧结构性问题作为主攻方向,是我国经济建设的重大理论和实践创新。2015年以来,我国推进去产能、去库存、去杠杆、降成本、补短板,落实巩固、增强、提升、畅通要求,深化供给侧结构性改革,对提升产能利用率、劳动生产率和全要素生产率发挥了治本作用。高质量发展就是体现新发展理念的发展,是创新成为第一动力、协调成为内生特点、绿色成为普遍形态、开放成为必由之路、共享成为根本目的的发展,是"十四五"乃至更长时期我国经济社会发展的主题。我们持续壮大实体经济,推进制造强国建设,推动传统产业技术改造,发展战略性新兴产业,加快发展现代产业体系,有效增强我国产业竞争力和韧性。适应数字化转型趋势,大力发展数字经济,在电商平台、移动支付、网络购物、跨境电商等领域持续创新,涌现出一批世界级企业。实施区域协调发展战略,促进京津冀协同发展、长江经济带发展、粤港澳大湾区建设、长三角一体化发展、黄河流域生态保护和高质量发展,推进以人为核心的新型城镇化,实施乡村振兴战略,推动形成优势互补、高质量发展的区域经济布局。

加快构建新发展格局。构建新发展格局立意深远、内涵丰富,是习近平新时代中国特色社会主义经济思想的重大理论成果。这一事关全局的系统性、深层次变革,是立足当前、着眼长远的战略谋划，是我们应对世界大变局的战略举措，也是我们顺应国内发展阶段变化、把握发展主动权的先手棋。自2020年4月10日习近平总书记在中央财经委员会第七次会议上首次提出构建新发展格局以来，我们坚持把扩大内需作为战略基点，使生产、分配、流通、消费更多依托国内市场，畅通国内大循环，推进高水平科技自立自强，增强产业链供应链自主可控能力，建设强大而有韧性的国民经济循环体系；同时，依托超大规模国内市场，形成吸引国际商品和要素资源的巨大引力场，扩大高水平对外开放，推动国内国际双循环相互促进，在开放合作中实现互利共赢、共同发展。

## 我国经济建设取得一系列突破性进展和标志性成果

在波澜壮阔的新时代中国特色社会主义经济变革性实践中，我国经济建设取得一系列突破性进展和标志性成果，为实现中华民族伟大复兴提供了更为坚实的物质基础。

脱贫攻坚战取得全面胜利。现行标准下9899万农村贫困人口全部脱贫，832个贫困县全部摘帽，12.8万个贫困村全部出列，区域性整体贫困得到解决，完成了消除绝对贫困的艰巨任务。我国提前10年实现联合国2030年可持续发展议程减贫目标，为人类减贫事业作出巨大贡献。脱贫攻坚战取得全面胜利，标志着我们党在团结带领人民创造美好生活、实现共同富裕的道路上迈出了坚实的一大步。我们在解决困扰中华民族几千年的绝对贫困问题上取得了伟大历史性成就，创造了人类减贫史上的奇迹。

经济实力跃上新的大台阶。2021年，我国国内生产总值由2012年的53.9万亿元增长到114.4万亿元，按年平均汇率折算达到17.7万亿美元，占全球经济的比重由2012年的11.4%上升到18%以上，世界第二大经济体地位得到巩固提升。人均国内生产总值超过1.2万美元，接近世界银行2021—2022年确定的人均1.27万美元的高收入国家门槛。

成功跨入创新型国家行列。2021年全社会研发投入占国内生产总值的比重由2012年的1.91%提高到2.44%，我国在世界知识产权组织发布的全球创新指数排名由第三十四位上升至第十二位。在载人航天、探月工程、超级计算、量子通信等前沿领域取得一系列标志性成果，部分领域实现从跟跑向并跑、领跑转变。北京、上海、粤港澳大湾区三大国际科技创新中心在全球科技创新集群排名中均进入前10位。

供给体系质量和效率持续提升。世界第一制造大国地位巩固提升，装备制造业和高技术制造业比重提高，220多种工业品产量居世界第一。数字化转型加快由消费领域向生产领域拓展，基于工业互联网的产业生态加快构建，为高质量发展注入新动能。

区域城乡协调发展呈现新局面。一批新的区域增长极加快兴起，高质量发展动力源得到拓展。2021年，我国城镇化率由2012年的53.1%上升到64.7%，大规模基础设施建设推动形成网络化城镇体系。城乡收入差距持续缩小，居民人均可支配收入之比由2.88∶1下降到2.5∶1。

经济发展韧性明显增强。我国经济在中美经贸摩擦、新冠肺炎疫情的冲击中，显现出强大韧性和抗冲击能力，保持平稳增长，增速在世界主要经济体中位居前列，对世界经济增长贡献率连续多年保持在30%左右。特别是2020年面对新冠肺炎疫情严重冲击，我国统筹疫情防控和经济社会发展，率先实现经济增长由负转正，成为全球唯一实现经济正增长的主要经济体。2021年我国经济在逆境中砥砺前行，实现"十四五"良好开局。当前，全球疫情仍在持续，国际环境的复杂性、严峻性、不确定性上升，国内发展面临需求收缩、供给冲击、预期转弱三重压力，但我国经济韧性强、潜力足、回旋余地广、长期向好的基本面不会改变，完全有条件有能力稳定宏观经济大盘，保持经济运行在合理区间。

我国经济建设的变革性实践、突破性进展、标志性成果，雄辩地证明了习近平新时代中国特色社会主义经济思想的科学真理性。在全面建设社会主义现代化国家新征程上，坚持以习近平新时代中国特色社会主义经济思想为指引，我国经济必将迎来更加光明的发展前景。

《人民日报》（2022年05月27日09版）

# 筑牢高质量发展的制度基石

洪银兴

公有制为主体、多种所有制经济共同发展,按劳分配为主体、多种分配方式并存,社会主义市场经济体制等社会主义基本经济制度,把社会主义制度和市场经济有机结合起来,既有利于解放和发展社会生产力、改善人民生活,又有利于维护社会公平正义、实现共同富裕,是高质量发展的制度基石。

坚持公有制为主体、多种所有制经济共同发展,激发各类市场主体活力。习近平总书记指出:"坚持和完善公有制为主体、多种所有制经济共同发展的基本经济制度,关系巩固和发展中国特色社会主义制度的重要支柱。"生产资料所有制是生产关系的核心,决定着社会的基本性质和发展方向。公有制经济和非公有制经济都是社会主义市场经济的重要组成部分,都是我国经济社会发展的重要基础,都是推动实现高质量发展的重要力量。公有制为主体、多种所有制经济共同发展的所有制结构，既有利于发挥公有制经济在保障人民共同利益、增进民生福祉、巩固完善社会主义制度中的主体作用，在关系国家安全、国民经济命脉和国计民生的重要行业和关键领域的主体作用，又有利于发挥非公有制经济在稳定增长、促进创新、增加就业、改善民生等方面的重要作用，从而推动各种所有制取长补短、相互促进、共同发展，形成推动高质量发展的强大合力。筑牢高质量发展的制度基石，就要毫不动摇巩固和发展公有制经济，毫不动摇鼓励、支持、引导非公有制经济发展，支持国有资本和国有企业做强做优做大，建立中国特色现代企业制度，增强国有经济竞争力、创新力、控制力、影响力、抗风险能力；构建亲清政商关系，促进非公有制经济健康发展和非公有制经济人士健康成长。

坚持按劳分配为主体、多种分配方式并存，促进效率和公平有机统一。习近平总书记指出："从我国实际出发，我们确立了按劳分配为主体、多种分配方式并存的分配制度。实践证明，这一制度安排有利于调动各方面积极性，有利于实现效率和公平有机统一。"马克思主义政治经济学认为，分配决定于生产，又反作用于生产，"而最能促进生产的是能使一切社会成员尽可能全面地发展、保持和施展自己能力的那种分配方式"。公有制为主体，决定了分配方式必然以按劳分配为主体。按劳分配是社会主义的基本分配原则，要求以劳动的数量和质量为依据分配个人收入，多劳多得。多种所有制经济共同发展决定了多种分配方式并存，而完善和实行按要素分配的体制机制正是多种分配方式并存的体现，是生产要素所有权在经济上的实现，要求劳动、资本、土地、知识、技术、管理、数据等生产要素由市场评价贡献、按贡献决定报酬。按劳分配为主体、多种分配方式并存的分配制度，坚持多劳多得、增加劳动者特别是一线劳动者劳动报酬，提高劳动报酬在初次分配中的比重，有利于调动广大劳动者推动高质量发展的积极性、主动性、创造性，提升人力资本，促进人的全面发展和全体人民共同富裕；同时，允许和鼓励其他生产要素参与分配，强调生产要素由市场评价贡献、按贡献决定报酬，有利于让一切创造社会财富的源泉充分涌流，充分利用各种资源要素推动高质量发展。筑牢高质量发展的制度基石，就要构建初次分配、再分配、三次分配协调配套的基础性制度安排，加大税收、社保、转移支付等调节力度并提高精准性，促进全体人民共享改革发展成果，实现有质量有效益的发展。

坚持和完善社会主义市场经济体制，破解政府和市场关系这道经济学上的世界性难题。习近平总书记指出："在社会主义条件下发展市场经济，是我们党的一个伟大创举。我国经济发展获得巨大成功的一个关键因素，就是我们既发挥了市场经济的长处，又发挥了社会主义制度的优越性。"社会主义市场经济体制，既使市场在资源配置中起决定性作用，充分发挥市场机制信息灵敏、激励有效、调节灵活、平等开放的优势，增强经济发展的活力和效率，使各种资源要素得到高效配置，让企业和个人有更强动力和更大空间去发展经济、创造财富；又更好发挥政府作用，坚持党的领导，发挥党总揽全局、协调各方的领导核心作用，发挥政府在保持宏观经济稳定、加强和优化公共服务、保障公平竞争、加强市场监管、维护市场秩序、推动可持续发展、促进共同富裕、弥补市场失灵等方面的作用，体现社会主义集中力量办大事的制度优势。筑牢高质量发展的制度基石，要坚持辩证法、两点论，继续在社会主义基本制度与市场经济的结合上下功夫，加快建设高效规范、公平竞争、充分开放的全国统一大市场，建立全国统一的市场制度规则，促进商品、要素、资源在更大范围内畅通流动；加快转变政府职能，提高政府监管效能，推动有效市场和有为政府更好结合，形成推动高质量发展的强大合力。

《人民日报》（2022年04月21日09版）

>> 拓展阅读

# 以强大内需支撑高质量发展

李 拯

内需潜力不断释放，对经济增长的贡献越来越大，已经成为中国经济发展的一个鲜明特征。近日举行的中央经济工作会议强调要"纲举目张做好工作"，排在首位的就是"着力扩大国内需求"。中共中央、国务院印发的《扩大内需战略规划纲要（2022—2035年）》，要求坚定实施扩大内需战略、培育完整内需体系，深刻阐释了推动实施扩大内需战略的规划背景、重大意义、工作原则、发展目标、重点任务、方法路径等重大问题，为我们在未来一个时期扩大国内需求描绘了战略蓝图。着力扩大国内需求，形成强大的国内经济循环体系和稳固的基本盘，将为加快构建新发展格局、推动高质量发展提供有力支撑。

从经济发展规律来看，大国经济的特征都是内需为主导、内部可循环，实施扩大内需战略可谓正当其时。从消费升级来看，当前人民对美好生活的向往总体上已经从"有没有"转向"好不好"，呈现多样化、多层次、多方面的特点，扩大内需可以更好满足人们的美好生活需要。从市场规模来看，我国有世界规模最大的中等收入群体,是全球最具成长性的消费市场,扩大内需将进一步发挥超大规模市场优势。从国际环境来看,世界百年未有之大变局加速演进,世界经济增长不平衡不确定性增大,扩大内需将有助于以自身的稳定发展有效应对外部风险挑战。从经济循环来看,扩大内需将促进国内大循环更为顺畅,并更高效率实现内外市场联通。可以说,坚定实施扩大内需战略、培育完整内需体系,是加快构建新发展格局的必然选择,是促进我国长远发展和长治久安的战略决策。

推动实施扩大内需战略,不仅具有战略上的必要性、前瞻性,而且具有战术上的可行性、操作性。经过多年积累,我国扩大内需已取得显著成效。消费基础性作用持续强化,最终消费支出占国内生产总值的比重连续11年保持在50%以上,消费新业态新模式快速发展;投资关键作用更好发挥,我国资本形成总额占国内生产总值的比重保持在合理水平,为优化供给结构、推动经济平稳发展提供了有力支撑;国内市场运行机制不断健全,"放管服"改革持续深化,营商环境不断优化;国际国内市场联系更加紧密,我国已成为全球第二大商品消费市场,带动进口规模持续扩大、结构不断优化。在此基础上,居民消费提质扩容潜力巨大,新型工业化、信息化、城镇化、农业现代化快速发展催生巨大投资需求,全国统一大市场加快建设有利于充分激发市场活力,这些都将为进一步扩大内需提供坚实基础、打开广阔空间。

推动实施扩大内需战略,还需要锚定2035年远景目标和"十四五"时期主要目标,加强前瞻性思考、全局性谋划、战略性布局、整体性推进,使扩大内需成为一个可持续的历史过程。中央

## 如何 推动高质量发展

经济工作会议强调，要更好统筹供给侧结构性改革和扩大内需，通过高质量供给创造有效需求，支持以多种方式和渠道扩大内需。坚持问题导向，瞄准有效供给能力不足、分配差距较大、流通体系现代化程度不高、消费体制机制不健全等堵点难点，才能更好把握扩大内需的重点任务和主攻方向。这就需要加快培育完整内需体系，按照生产、分配、流通、消费和投资再生产的全链条拓展内需体系；促进形成强大国内市场，着力挖掘内需潜力，通过优化市场结构、健全市场机制、激发市场活力、提升市场韧性，进一步做强国内市场；支撑畅通国内经济循环，持续推进各种要素组合有机衔接和循环流转，以国际循环提升国内大循环效率和水平。

最终消费是经济增长的持久动力。从大街小巷奔驰穿梭的新能源汽车，到引发年轻人热捧的国潮国货，从手机上的指尖滑动，到云逛街的沉浸式体验，今天，国内需求正在持续迸发出巨大活力。展望未来，随着扩大内需战略深入实施，国内大循环将不断增强内生动力和可靠性，国内需求将日益成为中国经济增长的主引擎，中国经济将更加不惧风雨、砥砺前行。

《人民日报》（2022 年 12 月 22 日 05 版）

# 法治护航民营经济高质量发展

杨 昊

民营经济是社会主义市场经济发展的重要成果，是推动经济社会发展的重要力量。颁布实施《优化营商环境条例》，开展涉案企业合规改革、启动第三方监督评估机制，推进民营经济领域纠纷多元化解机制建设……在第四届民营经济法治建设峰会上，新时代加强民营经济法治建设十大事件揭晓，引发关注。

我国经济能够创造持续快速增长奇迹，民营经济功不可没。习近平总书记深刻指出，"民营经济是我国经济制度的内在要素，民营企业和民营企业家是我们自己人""民营经济只能壮大、不能弱化，不仅不能'离场'，而且要走向更加广阔的舞台"。党的十八大以来，以习近平同志为核心的党中央坚持"两个毫不动摇"，出台一系列扶持民营经济发展的改革举措，为民营企业发展营造良好的法治环境和营商环境，进一步增强了民营企业发展活力、信心和底气。

法治是最好的营商环境。在习近平法治思想指引下，法治护航民营经济高质量发展迈出坚实步伐。颁布实施民法典，修改反垄断法，基本建立以《优化营商环境条例》为主干、以各类政策文件为补充、以地方优化营商环境立法为支干的优化营商环境立法体系；依法严厉打击侵犯知识产权犯罪，依法保障和服务民营企业健康发展；加强市场宏观调控与监管，营造市场化、法治化、国际化营商环境……民营经济法治建设实践不断丰富，法治固根本、稳预期、利长远的重要作用充分彰显。如今，"放管服"改革持续推进，不断提升政务服务效能，进一步激发民企创造力；深入实施公平竞争政策，加强反垄断和反不正当竞争，引导各类市场主体有序竞争；各级工商联和审判机关、检察机关、公安机关、司法行政机关深化常态联系、联合调研、信息互通、多元调解协作机制基本形成。

同时，司法平等保护民营经济提升到新高度，让民营企业吃下"定心丸"。2021年3月至2022年6月，全国各地检察机关累计办理涉企业合规案件2382件，其中适用第三方监督评估机制案件1584件，对整改合规的606家企业、1159人依法作出不起诉决定；司法行政机关携手共建"万所联万会"机制，截至2022年6月底，全国已有1.95万家律师事务所与2.1万家工商联所属商会、2100多家县级工商联建立了联系合作；司法部、全国工商联联合印发《关于深入开展民营企业"法治体检"活动的意见》，对推进"法治体检"活动常态化、制度化作出部署……一个个数字、案例，彰显着公检法司机关坚决贯彻中央全面依法治国部署的决心，写照着工商联和民营企业推动法治民企建设的信心。

民营企业是全面依法治国的重要参与者，更是民营经济法治建设的推动者和受益者。2022中国民营企业500强调研分析报告显示，民营企业500强不断提升依法合规诚信经营能力，451家500强企业已建立健全法律风险控制体系和预警防范机制，445家企业已形成讲法治、讲规则、讲诚信的企业法治文化。越来越多的民营企业家树牢法治意识，争做诚信守法表率，自觉按照监管要求加快企业自我改革，在合法合规经营中提高企业竞争力。矢志不渝推进法治民企建设，以法治促进企业治理现代化，也必将助力国家治理体系和治理能力现代化。

法治兴则国兴，法治强则国强。持续完善法治环境是加快完善社会主义市场经济体制的必然要求。奋进新征程，进一步营造法治化营商环境、持续构建亲清政商关系、提升民企法治素养，还需凝聚合力、久久为功。广大民营企业家练好法治民企内功，在合法合规经营中提高企业竞争力，坚定自信走向更加广阔的舞台，必能为全面依法治国注入更加丰富的民营经济元素。

《人民日报》（2022年09月22日05版）

# 千方百计稳住市场主体

陈 清

当前，世界百年未有之大变局加速演变，国际国内环境出现一些超预期变化。受需求收缩、供给冲击、预期转弱三重压力影响，我国经济下行压力加大，一些市场主体特别是中小微企业和个体工商户面临的困难明显增多。市场主体是经济的力量载体，保市场主体就是保社会生产力。2022年4月29日召开的中央政治局会议强调，要稳住市场主体，对受疫情严重冲击的行业、中小微企业和个体工商户实施一揽子纾困帮扶政策。我们要深入贯彻落实党中央精神，千方百计稳住市场主体，疏通经济发展的毛细血管，稳定宏观经济大盘，充分释放我国经济高质量发展的巨大潜力和强大动能。

加大纾困解难力度，助力市场主体渡过难关。落实落细国家出台的相关扶持政策，提升市场主体对政策的知晓度、享受政策的便利性，确保好政策取得实实在在的纾困解难成效。跟踪评估政策实施情况，加强政策研究储备，完善政策工具箱，根据市场主体实际困难和需求，动态调整政策组合，确保各项纾困解难政策直达、精准、高效。鼓励和引导金融机构强化对市场主体的金融支持，继续用好普惠小微贷款支持工具、再贷款再贴现政策等，加大信贷投放力度，扩大国家融资担保基金、政府性融资担保机构对中小微企业和个体工商户的业务覆盖面，降低企业综合融资成本，营造良好融资生态，进一步推动解决市场主体特别是中小微企业融资难题。深入开展防范和化解拖欠中小企业账款的专项行动，大力整治各类违规收费行为，建立协同治理和联合惩戒机制，坚决查处乱收费、乱罚款、乱摊派行为，进一步减轻企业负担。对餐饮、住宿、零售、文化、旅游、客运等经营困难行业，实施更具针对性、力度更大的帮扶政策，推动这些行业加快恢复发展。

持续优化营商环境，提振市场主体信心。营商环境是培育和壮大市场主体的肥沃土壤，要持续优化营商环境，增强市场主体信心，稳定市场主体预期。加快政府职能转变，深入推进"放管服"改革，更大力度放出活力、管出水平、服出效率，最大程度降低市场主体制度性成本，不断激发市场主体活力。加快推进高水平对外开放，对标国际一流、对接国际通行经贸规则，全面实施市场准入负面清单制度，实施好外商投资法，进一步推动贸易投资自由化便利化，打造市场化法治化国际化营商环境。以信息化建设为支撑，推动高频政务服务事项一网通办，加快实现政务服务高效集成，最大限度减环节、压时间、降成本，不断提升政务服务质量和水平，为市场主体提供公平可及、优质高效的服务。充分发挥法治的保障作用，加快营商环境立法，加强知识产权保护，深入推进社会信用体系建设，为市场主体营造稳定、公平、透明、可预期的营商环境。

激发发展内生动力，推动市场主体创新发展。稳住市场主体，不仅是为市场主体纾困解难、雪中送炭，让市场主体"活下来"，更重要的是引导市场主体主动适应外部环境变化，盯紧产业发展前沿动态，持续推进产品创新、技术创新、商业模式创新、管理创新、制度创新，充分激发市场主体发展内生动力，增强市场主体发展活力、竞争活力、创新活力，让市场主体"好起来"。充分运用数字中国建设成果，搭建数字共享平台，大力发展工业互联网、智能制造、物联网等，推动企业数字化转型，助力企业走上智能化、信息化发展之路。强化企业创新主体作用，引导市场主体把提升原始创新能力摆在更加突出的位置，深化产学研结合，把关键核心技术掌握在自己手中，把发展主动权掌握在自己手中。加大创新支持力度，完善高新技术企业成长加速机制，促进创新要素向企业集聚，培育更多"专精特新"企业。

发挥示范带动作用，确保重点企业稳定运行。重点企业是稳增长的排头兵和主引擎，要注重发挥重点企业的示范带动作用，确保重点企业稳定运行，引领带动产业上下游联动发展，不断夯实经济稳定运行基础。选择一批优势产业、重点企业，创新帮扶机制，集中资源力量支持优势产业和重点企业发挥潜能、释放产能，为稳定经济大盘提供有力支撑。大力培优扶强龙头企业，支持制造业龙头企业实施兼并重组、技术改造、品牌提升、智能制造、绿色制造等项目，推动龙头企业做大做强。推进企业梯度培育，探索建立企业成长培育库，打造"个转企""小升规""规改股""股上市"的企业成长链条。聚焦促进服务业企业增产增效，推动商贸服务业持续发展，促进旅游业加快复苏，大力发展现代物流业，培育发展软件信息和科技服务业，促进传统服务业焕发新活力。围绕解决好产业链关联企业物流、原材料跨省域供应等方面存在的问题，着力畅通人流物流，打通堵点卡点，统筹推进产业链协同复工复产，确保产业链供应链安全稳定。

《人民日报》（2022年06月16日09版）

# 第三编
## 建设现代化产业体系

坚持把发展经济的着力点放在实体经济上，推进新型工业化，加快建设制造强国、质量强国、航天强国、交通强国、网络强国、数字中国。实施产业基础再造工程和重大技术装备攻关工程，支持专精特新企业发展，推动制造业高端化、智能化、绿色化发展。巩固优势产业领先地位，在关系安全发展的领域加快补齐短板，提升战略性资源供应保障能力。推动战略性新兴产业融合集群发展，构建新一代信息技术、人工智能、生物技术、新能源、新材料、高端装备、绿色环保等一批新的增长引擎。构建优质高效的服务业新体系，推动现代服务业同先进制造业、现代农业深度融合。加快发展物联网，建设高效顺畅的流通体系，降低物流成本。加快发展数字经济，促进数字经济和实体经济深度融合，打造具有国际竞争力的数字产业集群。优化基础设施布局、结构、功能和系统集成，构建现代化基础设施体系。

# 以现代化产业体系重塑新优势

金观平

准确理解把握现代化产业体系的战略内涵和决策部署,是构建现代化经济体系、推动经济高质量发展的必然要求,也是重塑我国产业新优势的迫切需要。

建设现代化产业体系,要筑牢实体经济之基。实体经济是一国经济的立身之本,是财富创造的根本源泉,特别是作为实体经济代表的制造业,更是强国之基、兴国之器。从国内外发展的经验看,没有强大的制造业,就没有强盛的国家和民族。要把制造业高质量发展作为构建现代化产业体系的关键环节,做实做优做强制造业,夯实大国制造的基础。要按照新发展理念的要求,在继续做大制造业总规模的基础上,提升产业链供应链水平,更好地满足人民群众对美好生活的需要,进一步增强制造业拓展海外市场的实力。

建设现代化产业体系,要强化创新驱动之本。创新是引领发展的第一动力,构建现代化的产业体系,离不开科技创新的支撑。当前,百年未有之大变局与全球疫情交织叠加,我国面临的风险挑战前所未有,但仍处于重要的战略机遇期。要深入实施创新驱动发展战略,加快推进科技自立自强,攻坚"卡脖子"难题,牢牢掌握关键核心技术。要加快构建以企业为主体、市场为导向、产学研深度融合的科技创新体系,使科技创新成为提升产业持续发展的根本动力。

建设现代化产业体系,要激发市场主体之力。作为经济运行的微观基础,市场主体不仅是技术创新的主要推动者,也是引领产业升级的主导力量。市场主体在生产、服务、创新等方面的能力,直接关系到现代化产业体系建设的效率与质量。千方百计保护好市场主体,扎扎实实培育好市场主体,就是为经济发展积蓄力量,也是为建设现代化产业体系提供关键支撑。实践中,既要通过市场机制,引导市场主体更主动地投入到现代化产业体系建设中,更要通过市场主体的高质量发展,推动要素资源向更高效率部门集聚,不断增强现代化产业体系建设的内生动力。

建设现代化产业体系是一项系统性工程,不会一蹴而就,建设过程中还会遇到各种新问题新矛盾,需要保持战略定力,坚持目标导向和问题导向相结合,稳扎稳打、压茬推进。

一方面,要坚持发挥国家发展规划的战略导向作用,在做好统筹谋划和顶层设计的基础上,坚持有所为有所不为,更加注重各产业、各要素之间的内在关联性,兼顾发展需要和现实能力、中长期目标和短期目标,协同推进产业链上中下游和大中小企业融通发展,提升产业体系整体水平。

另一方面,要妥善处理好政府与市场的关系,在充分发挥市场在资源配置中决定性作用的基础上,更好发挥政府作用。要强化公平竞争政策基础地位,加强产业政策和竞争政策协同,在加快构建全国统一大市场的过程中,不断加快高标准市场体系建设,为现代化产业体系建设营造良好的发展环境。

《经济日报》(2022年11月22日01版)

**如何推动高质量发展**

# 坚持把发展经济着力点放在实体经济上

### 经济日报评论员

"实体经济是一国经济的立身之本,是财富创造的根本源泉,是国家强盛的重要支柱";

"我们这么一个大国要强大,要靠实体经济,不能泡沫化";

"要扭住实体经济不放,继续不懈奋斗,扎扎实实攀登世界高峰";

……

"立身之本""根本源泉""重要支柱"字字千钧,"要"与"不能"的辩证法寓意深刻,生动阐明了实体经济举足轻重的分量。党的十八大以来,习近平总书记强力聚焦实体经济振兴发展,明确要求"必须把发展经济的着力点放在实体经济上",这是对历史经验的深刻总结、对发展规律的科学把握,为推动高质量发展提供了根本遵循、指明了前进方向。

实体经济水平越高,经济实力就越强,抵御风险的能力也越强,这是现代经济发展的硬道理。回顾 2008 年国际金融危机爆发后的世界,德国在欧盟各国中率先走出衰退,再对比一些西方国家产业空心化、失业率升高、收入差距拉大的严重矛盾,充分证明了这个硬道理。我国经济是靠实体经济起家的,也要靠实体经济走向未来。以史为鉴,我们要在国际经济格局变化的潮流中、在各种风浪挑战的冲击下站稳脚跟,还是要依靠振兴实体经济,筑牢经济行稳致远、赢得竞争主动的根基。

制造业是实体经济的中坚力量,制造业发展的根本是创新,创新的主体是企业。十年来,习近平总书记赴地方考察调研的行程中,总有深入企业的身影。"对看准的方向,要超前规划布局,加大投入力度,着力攻克一批关键核心技术,加速赶超甚至引领步伐""抓住新一轮科技革命带来的机遇,将优势资源集聚到重点领域,力求在关键核心技术上取得突破""掌握了一流技术,传统产业也可以变为朝阳产业"……对发展现代制造业提出的要求,也是在部署把握发展主动权的路径。

把脉定向,制造大国步履铿锵。新时代非凡十年间,"墨子号"量子科学实验卫星、C919 大飞机、天马望远镜、"天鲲号"重型自航绞吸船……一件件大国重器横空出世;高铁形成完整产业链条走出国门、北斗导航系统开始向全球提供服务、世界第一条起重机智能化生产线诞生在中国……一批批创新突破领跑世界;制造业增加值占全球比重从 22.5% 提高到近 30%、高新技术产品出口额从 3.8 万亿元提高到 6.3 万亿元、中国制造业企业 500 强营业收入从 23.38 万亿元增长到 47.11 万亿元……一组组亮眼数据标注高度。

在肯定成绩的同时，对于实体经济运行中的困难与波动，我们也有着清醒的认识。新冠肺炎疫情加剧了国际格局演变，各国围绕实体经济的竞争更加激烈，一些发达国家甚至借疫情企图鼓动产业链"去中国化""本土化"，过去几年我国实体经济经历了异常艰难的时期。部分产业核心关键技术未能取得根本性突破，仍然面临"卡脖子"危机；部分行业核心竞争力不足，长期处于国际产业链价值链中下游；部分领域同质化低水平发展导致效能偏低，高端和优质产品自给程度不高；部分企业深陷资源能源约束，发展的不确定性明显增加。

对症开方，建设制造强国任重道远。迎难而上，推动产业向中高端迈进，需要精准发力，推动资源要素向实体经济集聚、政策措施向实体经济倾斜、工作力量向实体经济加强。

——精准把握"实"与"虚"的关系。"经济发展任何时候都不能脱实向虚。""要虚实结合，以实为基础。"习近平总书记反复强调的话语，为爬坡过坎的实体经济注入信心与动力。实体经济是金融的根基，金融是实体经济的血脉，两者共生共荣。为实体经济服务是金融的天职，满足经济社会发展需要是金融的本分。2022年以来，面对下行压力，通过做好结构性货币政策工具的"加法"和企业综合融资成本的"减法"，为实体经济发展进一步提供更高质量、更有效率的金融服务，民营企业获得更多信贷"活水"。

——精准把握"革故"与"鼎新"的关系。"坚持把做实做强做优实体经济作为主攻方向，一手抓传统产业转型升级，一手抓战略性新兴产业发展壮大。"这就要求在"转"和"育"上做大文章：借助新技术有力地"转"，以供给侧结构性改革为主线，实施产业基础再造和产业链提升工程，推进传统产业数字化、网络化、智能化升级改造；瞄准高端前沿精准地"育"，突破性培育发展数字经济、人工智能、量子技术等高端产业，形成更多新的增长点、增长极，抢占未来产业发展制高点，实现以科技创新为依托的高质量发展。

——精准把握"支撑"与"优化"的关系。"基础设施是经济社会发展的重要支撑，要统筹发展和安全，优化基础设施布局、结构、功能和发展模式，构建现代化基础设施体系，为全面建设社会主义现代化国家打下坚实基础。"习近平总书记在中央财经委员会第十一次会议上作出科学部署。在这一过程中，既要加大交通、水利、能源等领域投资力度，补齐基础设施短板，还要提前谋划、整体布局网络型、产业升级、国家安全等基础设施，加快推进5G、人工智能、工业互联网等"新基建"投资，铺就长远发展的"高速路"。

振兴发展实体经济，必须将其放在更宏大的历史维度上来把握。经济发展是一个系统工程，需要各方面的协调，不能就实体经济抓实体经济、就制造业发展制造业，建设制造强国、质量强国、网络强国、数字中国需要统筹推进。这是巨大的挑战，也孕育着新的机遇。

"中国要发展，最终要靠自己。"扭住实体经济不放，着力振兴实体经济，显著增强经济竞争力、创新力、抗风险能力，我们一定能推动中国经济乘风破浪、行稳致远，扎扎实实实现一个个既定的宏伟目标。

《经济日报》（2022年09月21日01版）

# 提高自主创新能力　加快迈向制造强国

韩　鑫

科技兴则民族兴，科技强则国家强。在我国现代化建设全局中，加快科技创新具有重大战略意义。面向未来，抓住了科技创新就抓住了牵动我国发展全局的"牛鼻子"。唯有创新，才能把竞争和发展的主动权牢牢掌握在自己手中，推动经济社会实现高质量发展。

习近平总书记在四川考察时，强调"推进科技创新，要在各领域积极培育高精尖特企业，打造更多'隐形冠军'，形成科技创新体集群"，指出"我国是制造大国，要努力提高自主创新能力，加快向制造强国转变"。殷殷关切、谆谆嘱托，为我们坚定不移走自主创新道路、加快建设制造强国指明了方向，鼓舞广大市场主体增强信心、迎难而上，在创新上勇于担当、笃行不怠。

抓创新就是抓发展，谋创新就是谋未来。党的十八大以来，习近平总书记深刻把握历史发展规律和大势，围绕实施创新驱动发展战略、加快推进以科技创新为核心的全面创新,提出了一系列新思想新论断新要求。在以习近平同志为核心的党中央坚强领导下,我国科技事业密集发力、加速跨越,实现了历史性、整体性、格局性重大变化。创新激荡起澎湃动能,推动我国制造业稳步发展,不断积累新的竞争优势。

自主创新是我们攀登世界科技高峰的必由之路。世界首台百万千瓦级水轮发电机下线投产,标注重大装备制造实现新跨越;5G移动通信技术率先实现规模化应用,照见数字经济蓬勃发展;我国制造业增加值连续多年位居世界第一,占全球比重接近30%……回望过去十年,硬核的成就、喜人的数据,见证着制造强国建设的铿锵步履。这样的发展历程,也让我们深刻认识到,坚持创新发展是应对发展环境变化、增强发展动力、把握发展主动权,更好引领新常态的根本之策。

当今世界正经历百年未有之大变局,我国发展面临的国内外环境正发生深刻复杂变化。看外部,百年变局与世纪疫情叠加,不稳定性不确定性增加,全球产业链供应链面临重构。坚持把科技自立自强作为战略支撑,着力突破"卡脖子"技术,增强供给体系韧性,是提升产业核心竞争力、有效应对风险挑战的关键所在。看内部,当前我国经济发展面临需求收缩、供给冲击、预期转弱三重压力,高效统筹疫情防控和经济社会发展任务艰巨。无论是挖掘传统产业的潜力,还是激发新兴产业的活力,都更加需要增强创新这个第一动力。"逆水行舟,一篙不可放缓;滴水穿石,一滴不可弃滞。"面对新形势新挑战,我们必须更重视自主创新。

## 如何推动高质量发展

企业是创新的主体，是推动创新创造的生力军。提升自主创新能力，加快向制造强国转变，要瞄准企业这个创新主体，助力打造更多"隐形冠军"。聚焦产业技术基础补短板，突破技术封锁；深耕优势领域锻长板，练就"独门绝技"……实践证明，量大面广的中小企业有灵气、有活力，是稳链强链的有生力量，对推动经济高质量发展具有重要支撑作用。为企业创新提供良好环境，让更多高精尖特企业在千行百业冒头涌现，有利于加快推进科技创新、建设制造强国，让各领域各方面都能强起来。

行百里者半九十。从无到有、破旧立新的创新之路，注定道阻且长、充满激流险滩，需要持之以恒的毅力和闯关夺隘的勇气。瞄准制造强国的目标，在自主创新的道路上百尺竿头、更进一步，必须"不畏浮云遮望眼"，抵御短期波动，矢志不移搞研发，在厚积薄发中赢得长远发展；必须"越是艰险越向前"，攻坚克难、冲破险阻，努力改变受制于人的局面，全面塑造发展新优势。

创新才能自强，奋斗方能争先。今日之中国，拥有世界最大规模研发队伍、最多发明专利授权量，拥有超大规模市场和完善工业体系，正成为各种创新要素发挥集聚效应的广阔平台，发展潜力无限。奋进新征程，踔厉奋发、顽强进取，以自主创新扎实推动制造强国建设，我们一定能书写新的璀璨篇章，创造新的更大奇迹。

《人民日报》（2022年06月16日05版）

# 推动先进制造业现代服务业深度融合

洪群联

先进制造业和现代服务业融合是顺应新一轮科技革命和产业变革，以及增强制造业核心竞争力、培育现代产业体系、实现高质量发展的重要途径。近年来，我国先进制造业和现代服务业融合程度不断加深、趋势不断增强，许多行业企业探索形成了各具特色的融合发展模式。但目前来看，产业融合发展的范围不够广、程度不够深、水平不够高，支撑引领经济高质量发展的作用还不明显。今后一个时期，要深刻把握产业融合的规律和趋势，坚持改革创新，围绕重点行业和领域，培育多元化融合发展主体，探索特色融合发展路径，促进制造业高质量发展和服务业提质增效升级。

## 深刻认识产业融合内涵

随着信息技术的发展和扩散,一些基于工业经济时代大规模专业化分工的产业,边界逐渐模糊或消融,并在原有的产业边界融合发展出新的产业形态,成为经济增长和企业价值增长新的动力源泉。一般认为,这就是产业融合。产业融合是建立在高度专业化分工基础之上的,其实质是产业间分工的内部化,即把社会化分工转化为产业内部分工。专业化分工深化细化是产业融合的基础和前提。

先进制造业和现代服务业是相对于传统制造业和传统服务业而言的,是深度应用现代化技术、管理、模式的制造业和服务业。目前的传统制造业和服务业经过技术改造和管理创新后,也可能演进升级为先进制造业和现代服务业。先进制造业和现代服务业融合是受技术进步、市场开放和制度创新驱动,通过技术渗透、产业联动、链条延伸、内部重组等途径,打破原有产业边界、促进产业交叉融合、育成新业态新模式,实现制造业和服务业相互支撑、高效协同、融合互动的动态过程,最终推动产业提质增效升级。

先进制造业和现代服务业融合发展随着科技革命和产业变革不断演进、升级,是一个主体多元、路径多样、模式各异、动态变化、快速迭代的过程。这个过程既包括先进制造业和现代服务业相互渗透和互动、嵌入彼此产业链价值链体系,从而形成紧密关系,也包括制造业和服务业融为一体,形成新产业新业态。从要素层面看,服务特别是生产性服务作为制造业中间投入要素的比重不断提高,服务业在整个产业链、价值链中创造的产出和价值不断提高;

从技术层面看，技术创新是先进制造业和现代服务业融合发展的重要基础和前提条件，特别是新一代信息技术、人工智能等应用加速了产业融合进程，催生出众多融合新业态；从企业层面看，企业转型升级步伐加快、路径增多，一些制造业企业转型为"制造+服务"或服务型企业，一些服务业企业向制造环节延伸；从产业层面看，制造业、服务业的专业化水平不断提高，同时也会产生两者融为一体的新产业。

## 关注融合发展难点问题

近年来，我国先进制造业和现代服务业融合程度持续加深、趋势持续增强。但是，一些问题也值得关注。

一是生产性服务业发展相对滞后，影响产业融合进程。发达国家的制造业和服务业融合起步较早、水平较高。发达国家的产业结构普遍存在"两个70%"现象，即服务业占GDP的70%、生产性服务业占服务业的70%，发达的生产性服务业为现代产业体系提供了强大支撑。我国已成为世界第一制造业大国，但还不是制造强国，制造业创新能力还不够强、质量效益还不够高，其中一个重要原因就是生产性服务业发展尚不充分。

二是融合发展的范围不够广、程度不够深、水平不够高。从范围看，尽管我国一些行业龙头、骨干企业在融合发展上初见成效，但量大面广的中小企业鲜有突破，装备制造、家电等行业的融合发展起步较早，其他行业则相对滞后；从程度看，一些企业已经开展设计、采购、建造、系统集成等总承包业务，但提供优质、高效整体解决方案的能力还不强，存在核心技术缺乏、品牌影响力弱、服务增值带来的营业收入占比不高等问题；从水平看，一些领域融合发展主要是沿袭或模仿发达国家、跨国企业的既有模式，创新性和灵活性不够，难以适应新的客户需求和市场形势变化。

三是企业间、产业间的协同性还不强，融合发展效益没有充分释放。具体来看，许多企业缺乏外包非核心业务、专注打造核心竞争力的意识，生产经营涉及领域众多、专业化不强，难以与上下游企业形成有效的分工协作机制，导致核心竞争力弱。一方面，融合发展新业态总体规模较小，局限于领先企业的先行探索，还没有快速成长为推动发展动能转换和结构转型的重要力量；另一方面，行业的效益效率不高，融合发展还没有形成推动企业向价值链中高端攀升的力量。

以上这些问题，既源于长期以来形成的路径依赖和分工格局难以在短期内改变，也存在现有体制机制难以适应先进制造业和现代服务业融合发展进程的因素。一些行业、企业需改变"服务内置化"的封闭发展路径，积极探索新的生产经营模式。同时，也要着力解决一些行业管理方式滞后、政策不配套、标准不健全、数据不开放等难点问题，在公共数据获取、数据确权和交易、数据安全等方面加快完善制度保障，为产业融合提供良好条件。

## 瞄准融合发展重点方向

"十四五"时期，要立足新发展阶段、贯彻新发展理念、构建新发展格局、推动高质量发展，把握产业融合发展趋势，围绕重点领域和关键环节，培育融合发展主体，探索融合发展路径，发展融合新业态新模式，创新体制机制，激发企业融合发展内生动力，实现先进制造业和现代服务业协同互促与深度融合，为制造强国建设和经济高质量发展提供有力支撑。

一是打造多元化融合发展主体。企业是融合发展主体，需强化企业主体地位，支持企业通过多种方式实现对资源要素、技术研发和市场开发的有效整合，同时注重发挥平台型组织、产业集群的重要作用。既要支持链主企业带动产业链上下游企业分工协作与联动融通，实现资源、要素、产能、市场的深度整合与共用共享，又要强化行业领军企业的示范引领作用，支持融合基础条件好、技术模式领先的企业在产业融合的方向、路径、模式上先行先试，形成推广一批融合发展效果好、转型升级效应强的经验做法，还要完善平台型组织的综合服务功能，积极培育融合平台型企业，引导优势企业和上下游企业、关联企业围绕核心业务和产品共建业务信息平台、交互研发设计平台、供应链管理平台、工业云平台等，形成融合共生的产业生态圈。

二是积极探索重点行业的融合发展路径。我国制造业门类齐全，服务业业态众多，产业融合发展是一个双向的过程，既包括制造业向后端延伸的服务化，也包括服务业反向延伸的制造化，必须突出重点行业，根据行业特点，探索适合的融合发展路径。具体来看，可加快原材料行业和服务业融合步伐，从研发设计到生产制造各个环节对接下游企业，加快原材料行业从提供原料产品向提供原料和工业服务解决方案转变；推动消费品行业和服务业深度融合，适应消费结构升级趋势和居民多样化、个性化、品质化需求，推动创新设计、市场营销、品牌管理、售后服务等环节变革；提升装备制造业和服务业融合水平，发展系统集成、工程总包、远程维护等服务，拓展增长空间；推进制造业和互联网融合发展，引导电信运营企业、互联网企业等积极转型，发展面向重点行业和区域的工业互联网平台；强化研发设计服务与制造业融合发展，采用新技术、新材料、新工艺、新装备、新模式，通过研发设计增强制造业产品的绿色化、智能化、品牌化水平；推进物流服务与生产制造无缝对接，推动制造业借助现代供应链开展资源整合和流程优化，实现供需精准匹配，降低实体经济成本，提升制造业运行效率。

三是培育融合发展的新业态新模式。先进制造业和现代服务业深度融合利用了现代信息技术和新型组织模式，能催生许多新业态新模式。从趋势看，共享工厂、柔性化定制、反向制造等具有很大发展前景。可依托完整工业体系和强大生产能力，面向中小企业，建立共享生产平台，推广共享工厂模式，推进厂房、设备、人才等资源整合，既能提升产能利用水平，又能节省生产投入成本；可支持企业增强柔性制造能力，将用户需求直接转化为生产订单，实现以用户为中心的个性定制与按需生产；可发展服务反向制造，鼓励服务业企业通过品牌授权、贴牌生产、连锁经营等方式嵌入制造业企业，拓展产业增长空间和增值能力；还可以推进文化旅游与制造业深度融合，支持有条件的工业企业、园区和历史遗迹通过挖掘文化底蕴、丰富品牌内涵、优化工厂设计，打造集生产、展示、观光、休闲、科普、购物等于一体的工业旅游景点景区。

《经济日报》（2022年06月14日10版）

# 积极发展优势产业

陈江涛

习近平总书记指出："要充分发挥集中力量办大事的制度优势和超大规模的市场优势，打好产业基础高级化、产业链现代化的攻坚战。"积极发展优势产业是提高我国产业整体水平的关键，有利于提高我国产业链创新链协同水平，推动我国产业迈向价值链中高端，不断强化高质量发展的新动能，使我国在全球创新版图和经济版图中获得竞争主动地位。

我国经济进入高质量发展阶段，发展优势产业是实现高质量发展的内在要求。习近平总书记指出："进入21世纪以来，全球科技创新进入空前密集活跃的时期，新一轮科技革命和产业变革正在重构全球创新版图、重塑全球经济结构。"技术与产业发展具有自身的内在规律，只有把握这一规律，才能实现技术突破、产业振兴。回顾经济发展史，科技创新特别是颠覆性科技创新是技术跃升和产业变革的主要动力源和主要发展方式。自18世纪第一次工业革命以来，产业更迭速度不断加快，每一次产业革命都会催生一批新兴产业。这些新兴产业不断发展壮大，逐渐替代原有产业的地位和作用，成长为优势产业和支柱产业。从发达国家的产业发展历程可以发现，一个新兴或后发大国如果想在产业革命浪潮中赢得发展主动权，就必须大力发展新兴产业，并使其在激烈的国际竞争中逐渐成长为优势产业，才能由跟跑转为并跑，最终实现赶超乃至领跑。在新一轮科技革命和产业变革中，我国和发达国家大致处在同一起跑线上，具有可以大有作为甚至弯道超车的难得发展机遇。我国把握产业变革规律，紧紧抓住新一轮科技革命和产业变革的新机遇，积极发展核电、高铁、人工智能、5G、新能源汽车等优势产业，不断增强自主创新能力，在激烈的国际竞争中赢得市场优势、技术优势、人才优势。我国产业竞争力不断增强，对促进经济增长、优化产业结构、促进高水平开放、共享发展成果等产生了重要推动作用。

目前，经济全球化遭遇逆流，单边主义、保护主义抬头，对我国产业发展带来较大外部冲击。突如其来的新冠肺炎疫情，加剧了我国优势产业发展的困难。尽管面临不少风险挑战，但应当看到，我国的优势产业已成长为产业变革的火车头，正在壮大为高质量发展的加速器，具有他国产业发展不可比拟的独特优势。一是制度优势。我国具有集中力量办大事的制度优势，能够为优势产业发展提供重要保障和有力支持。二是国内超大规模市场优势。我国14亿多人口构成庞大消费群体，4亿多中等收入群体具有强大的消费能力。多层次、多样化超大规模消费需求，既可以为新兴产业和优势

## 如何 推动高质量发展

产业发展提供巨大的国内市场空间和面对外来冲击时足够大的回旋余地，又能够激发竞争和创新、提高产业发展韧性。三是较为完整的产业链优势。我国已建成世界上最完整的产业体系，产业发展持续向中高端迈进，既可以满足民生等领域消费和发展需求，也储备了全产业领域的科技和专业技术人才队伍，产业发展具有坚实基础和强大韧性。进一步发挥这些优势，加快实现高水平科技自立自强，我国优势产业必将迎来更大发展，有力推动高质量发展。

《人民日报》（2022年05月24日09版）

# 做大做强战略性新兴产业

李雯轩

战略性新兴产业是引领国家未来发展的重要力量，是重大突破性技术的主要载体，也是促进新旧动能接续转换的关键所在。从国家统计局发布的2022年一季度国民经济运行情况数据看，以高技术制造业、新能源汽车、太阳能电池、工业机器人等为代表的战略性新兴产业和产品快速增长，成为在宏观经济"三重压力"下保障工业经济平稳运行、稳定宏观经济大盘的有力支撑。

战略性新兴产业因其具有战略先导性、经济主导性、技术传导性，一直以来占据各国产业布局的核心地位。首先，战略性新兴产业是赢得国家竞争主动权的关键所在。当下，以数字技术为代表的新技术正在重塑各国比较优势、改变全球竞争格局，不仅提升了知识和技术在生产要素中的地位，还为发展中国家提供了产业发展"弯道超车"的机遇。作为制造业大国，我国必须通过发展壮大战略性新兴产业抢占竞争先机。其次，新旧动能转换需要战略性新兴产业发挥引领性作用。我国经济已经转向高质量发展阶段，经济增长模式正在从传统的粗放型增长转向新的集约型增长，迫切需要找到新产业、新引擎、新模式促进高质量发展。战略性新兴产业具备较强的创新技术应用性、较广的产业协同带动性和较大的消费需求引领性，可以作为带动我国产业结构、要素结构"双升级"的动力源。

近年来，我国战略性新兴产业发展初具成效，但也不能忽视新旧动能更迭转换过程中存在的长期性、艰巨性和复杂性。一方面，新动能的形成需要长期持续进步的技术投入作为支撑。从三次工业革命历程可以看出，虽然新技术给人类社会带来了系统性、颠覆性变革，但新动能培育并不是一个一蹴而就、突变的过程，而是一个前沿技术不断迸发、渐进作用于社会生产的过程。这一过程中不仅会不断涌现新产业，也会因新技术的应用改进传统产业的工艺流程、产品质量、产业链条等，并在变化过程中形成新的生产组织形式，孕育新的市场和消费需求，最终完成新动能对旧动能的替代。这意味着在新动能形成之前必须创造一个有利于前沿技术应用的产业环境。另一方面，技术的升级演进并不是线性的，尤其当前沿技术进入"无人区"后，可参考的技术路径和经验较少，一旦选择错误的技术路径，不仅会浪费前期的巨大投入，还可能使国家丧失在某个产业的竞争优势。但是没有任何一个国家可以完全预见何种技术路径可以成功，也无法将资源覆盖所有技术路径，因此必须为前沿技术研发创造一个宽容失败、鼓励试错的创新环境。还要看到，当前"逆全球化"冲击加剧和保护主义抬头，全球主要发达国家更为关注自身的产业链供应链安全，不仅出台政策吸引制造业回流，还试图掌握战略性新兴产业所有关键核心技术和环节，给国际技术交流合作造成诸多障碍，在这方面我国也面临着更为严峻复杂的产业发展形势。

因此，培育壮大新动能、引领未来发展，重点在于有效引导、推动优势资源和政策向战略性新兴产业集聚，关键在于加快形成宽容试错、激发创新动能的创新生态环境，培育壮大层次多样、竞争力强的创新主体。

一方面，要强化政策支持，统筹完善政策供给机制。在这一过程中，要发挥市场在资源配置中的决定性作用，统筹完善产业政策供给机制，提高产业政策与区域、财税、金融、土地、知识产权等其他政策的协同程度，形成有利于资源聚集的政策体系；要加强对前沿技术和产业的宏观统筹，大力开展技术研判、识别工作，建立动态监测机制，采用多种方法量化分析国内不同产业领域与国外的技术差距、赶超难度、追赶速度等，为企业技术路径选择提供智力支持；要完善人才管理、评价、引进体系，给予科研人员更多的科研自主权，加大对战略性新兴产业基础性研究、共性技术研究的资源投入力度，吸引更多人才从事战略性新兴产业研究。

另一方面，要打造宽容试错、激发创新动能的创新生态。一是聚焦战略性新兴产业的前沿技术和关键环节，整合资金、人才等各种资源推动创新。短期可利用"揭榜挂帅"方法攻克影响我国新动能培育的"卡脖子"技术和生产环节；长期则可加大对基础性研究、共性技术研究的投入，通过设立不同功能和类别的孵化器，健全知识产权运营和孵化体系，加强对中小企业创新创业创造的资金和技术支持。二是引导社会资本、产业资本投入公共研发平台、区域创新中心等，补齐产学研结合的短板。三是完善知识产权融资体系建设，保护企业特别是民营企业知识产权资产，激发中小企业创新创业创造的动力和活力。

与此同时，还要通过营造公平竞争、宽松普惠的市场环境，培育壮大有竞争力的创新主体。既要鼓励战略性新兴产业领域的龙头企业做大、做强、做优，积极开拓国际市场，还要鼓励"专精特新"中小企业在战略性新兴产业领域精耕细作，培养多元化的创新主体；既要从产业链上下游领域着手构建跨产业、跨地区的战略性新兴产业链联盟，建设产业链扶持发展基金，还要从稳固产业链、加强基础性研究和共性技术研究的角度整合大中小企业创新工作，促进大中小企业合作开展前沿技术开发、创新人才培养工作，从而为发展战略性新兴产业、培育壮大新动能注入源源不断的动力。

《经济日报》（2022年05月16日10版）

# 加快现代流通体系建设

梁 佳

习近平总书记指出:"流通体系在国民经济中发挥着基础性作用,构建新发展格局,必须把建设现代流通体系作为一项重要战略任务来抓。"建设现代流通体系,对构建新发展格局具有重要意义。在社会再生产中,流通效率是提高国民经济总体运行效率的重要方面。高效流通体系能够在更大范围把生产和消费联系起来,扩大交易范围,推动分工深化,提高生产效率,促进财富创造。

改革开放后特别是党的十八大以来,党中央、国务院高度重视并大力推动流通发展,我国流通体系建设取得明显进展,国家骨干流通网络逐步健全,流通领域新业态新模式不断涌现,全国统一大市场加快建设,商品和要素流通制度环境显著改善。特别是在抗击新冠肺炎疫情中,流通业发挥了重要作用。

当前,我国已进入全面建设社会主义现代化国家、向第二个百年奋斗目标进军的新发展阶段。立足新发展阶段、贯彻新发展理念、构建新发展格局、推动高质量发展，需要加快建设现代流通体系。其主要内容包括：扩大市场交易，推动区域分工深化和一体化发展，更好发挥大国经济纵深优势，促进城乡区域协调发展；创新流通组织和业态模式，推动上下游、产供销、内外贸一体衔接，更好发挥我国完整产业体系集成优势，提高全要素生产率，促进我国产业迈向全球价值链中高端；拓展全球流通网络，培育跨国流通企业，增强国内国际两个市场、两种资源配置能力，更好发挥我国超大规模经济体引力场作用，聚集全球商品和资源要素，促进形成国际合作和竞争新优势。

也要看到，目前我国流通体系现代化建设仍然任重道远，还存在不少亟待打通的堵点。"十四五"规划纲要提出"强化流通体系支撑作用"并作出具体部署，《中共中央国务院关于加快建设全国统一大市场的意见》提出"促进现代流通体系建设，降低全社会流通成本"。这充分体现了以习近平同志为核心的党中央统筹推进现代流通体系建设、为构建新发展格局提供有力支撑的顶层设计和发展思路。贯彻落实习近平总书记重要讲话精神和党中央决策部署，需要坚持"全国一盘棋"，以系统观念推进现代流通体系建设。

建设更加系统集成的流通体系。现代流通体系建设覆盖范围广、涉及领域多，需要加强顶层设计和统筹协调，破除多头治理的局面。通过加快完善国内统一大市场、建设现代综合运输体系、完善现代商贸流通体系、加强支付结算等金融基础设施建设等，推动形成协调统一的现代流通体系，建设更加系统集成的流通体系。

推进更加规范有效的流通实践创新。随着新科技、新业态、新模式的不断涌现,需要对流通组织和业态模式创新进行积极有效的引导和规范,充分发挥市场在资源配置中的决定性作用,更好发挥政府作用,加强数字赋能现代流通,推动线上线下融合发展,加快流通领域数字化转型升级。大力发展第三方物流,支持数字化第三方物流交付平台建设,推动第三方物流产业科技和商业模式创新,培育一批具有全球影响力的数字化平台企业和供应链企业,促进全社会物流降本增效。

构建更加健全完善的流通监管制度。全面提升流通领域监管水平,营造诚实守信的市场环境,厚植诚信为本的商业文化,发挥追溯系统积极作用,提高流通领域信用保障水平;完善社会信用体系,加快建设重要产品追溯体系,建立健全以信用为基础的新型监管机制,为推动流通领域高质量发展提供信用保障。

《人民日报》(2022年05月12日13版)

# 夯实工业高质量发展制度基础

盛朝迅

工业是大国竞争的根基所在。当今世界正处于百年未有之大变局，国内外形势深刻变化、国际竞争日益激烈，我国经济发展面临前所未有的挑战。提升工业发展质量和效益、实现工业高质量发展，是推动经济高质量发展的关键所在。要看到，工业高质量发展是一项系统性、战略性、复杂性、长期性工程，能否夯实工业高质量发展的制度基础，意义重大。《关于振作工业经济运行 推动工业高质量发展的实施方案》（以下简称《实施方案》）聚焦制约工业经济畅通运行的能源供应、大宗商品和原材料保供、重点产业链畅通等卡点、堵点，以及需求收缩、成本上升、要素支撑不足、预期不稳等突出难点和问题，指明破解之道、给出应对之策，具有很强的针对性、及时性和可操作性，有助于振作工业经济运行，推动工业高质量发展。

## 充分认识历史使命

工业是国民经济的主体，在新时代承载着重要的历史使命。

一是富国的基础。从历史上看，大国崛起基本上是抓住科技革命机遇，大力发展制造业，从而实现国家的强盛。从国际上看，几次全球产业大转移催生了一批制造业中心，带动美国、日本等跨越高收入国家的门槛。从国内看，我国建成了全球最为完整的工业体系，生产能力大幅度提升，主要产品产量跃居世界前列，国际竞争力不断增强，有力支撑了国民经济的持续健康发展，促进了人民生活质量的改善和提升，奠定了我国强国之基、富国之路。当前，要积极振作工业经济运行，推动工业高质量发展，为实现中华民族的伟大复兴提供坚实的物质和技术基础。

二是创新的载体。制造业产业链长、可贸易属性高、蕴含的创新要素多。根据世界知识产权组织发布的"全球创新指数"，我国排名从2013年的第35位跃升至2021年的第12位，主要得益于制造业创新、应用研究和过程创新的快速发展。展望未来，推动产业高质量发展，加快向创新驱动转型，更加需要以工业发展为突破，加快关键核心技术创新，培育经济发展新动能。

三是幸福的保障。"无工不富"，工业不仅是国家强盛的根基，也是富民的产业。推进工业发展，不断创造新产业、新需求、新就业岗位，改变国际分工地位，持续提高就业质量和人民收入水平，让老百姓"钱袋子"鼓起来、人民生活富起来，是增强人民群众获得感幸福感安全感的重要途径。改革开放以来，工业和制造业的快速发展直接和间接带动大量稳定的就业岗位，持续提高了居民收入，就是重要的例证。

## 准确把握逻辑变化

这些年来，适应形势变化，我国工业发展的目标、重点也在发生相应变化，其中内嵌的特征和逻辑需要我们更好地总结和把握。

从"规模扩张"到"专精特新"。改革开放以来，我国产业发展主要采取加工组装和终端品制造模式嵌入全球产业链，促进了产业规模和制造水平的快速提升，成为举世瞩目的"世界工厂"。但我国产业基础研发制造能力相对薄弱，在高端基础元器件、核心零部件、先进生产设备、关键基础材料等方面的对外依存度较高。唯有不断强化产业基础领域创新突破，从"规模扩张"走向"专精特新"，树立产业基础领域竞争优势，加快从加工组装、中低端产品制造向高端研发、关键零部件制造跃迁，才能打破这种"分工锁定"，实现工业高质量发展。

从增长优先到重视安全。全球化背景下，各国按照比较优势进行分工，全球产业链制造环节向成本最低、配套条件最好和最具规模经济的区域集中，中国成为全球产业链重要的制造中心。新冠肺炎疫情的发生促使部分国家在战略层面对供应链安全因素给予高度关注，将相关产业迁回本土的意愿更加强烈，全球可能会出现产业链缩短和分散化、多元化趋势。在这样的趋势下，我国要进一步保障产业链供应链安全，促进产业链效率优势和安全优势的双重叠加,推动制造业竞争力提升。

从粗放发展到绿色智能。全球范围内快速兴起的新一轮科技革命和能源革命的引领和创新,到2030年前实现碳达峰、2060年前实现碳中和的郑重承诺,推动数字经济与实体经济深度融合的迫切需求,均要求我国产业发展必须加快向绿色化、智能化转型。新时代决定工业高质量发展的要素支撑也在发生变化,数据、碳排放、科技人才和高素质劳动者等高级生产要素和强大国内市场在提升制造业生产效率、实现新市场新模式和新增长点扩张、提升制造业核心竞争力中的作用将越来越重要。

## 明确机制优化目标

稳定工业经济运行、推动工业高质量发展,是经济工作的重点和提升产业国际竞争力的关键点。推动工业高质量发展,既要充分尊重工业经济运行规律,也要把握工业高质量发展逻辑变化,夯实工业发展的制度基础。对此,《实施方案》着眼长远和未来,立足"建制度、明标准、扩需求、促创新、优环境、强信心",在完善和优化机制上下功夫,促进资源优化配置和多部门高效协作,激发市场主体活力,为推动工业高质量发展提供重要的机制保障。

一是完善工业经济运行的循环畅通机制。充分发挥煤电油气运保障工作部际协调机制作用,制定好能源保供应急预案,完善能耗双控有关政策,加强资源统筹调度,有效增强能源消费总量管理弹性,保障工业发展合理用能。强化对重点行业运行监测,建立完善产业链供应链苗头性问题预警机制，实施重点领域产业链供应链贯通工程，保障重点产业链供应链顺畅。

二是完善市场需求激发和拓展机制。发挥重大项目投资的牵引带动作用，推进先进制造业重大外资项目落地实施，确保投资拉动作用充分发挥。加快新能源汽车推广应用，加快充电桩、换电站等配套设施建设，鼓励开展新能源汽车、智能家电、绿色建材下乡行动，发展新型信息消费，加快释放重点领域消费潜力。落实好稳外贸政策措施，推动国际物流降本增效，积极拓展市场空间，促进外贸稳定发展。

三是优化工业竞争力提升机制。修订产业结构调整指导目录，引导企业加快技术改造和设备更新，鼓励企业建立质量追溯机制，推动智能制造示范工厂建设。启动一批产业基础再造工程，加快关键核心技术创新和迭代应用，促进产业链协同高效运转，增强工业经济核心竞争力，确保产业发展自主可控、安全高效。深化新一代信息技术与制造业融合应用，开展科创服务领域标准化建设行动，推动制造服务业标准体系逐步完善。加快装备、汽车等行业创新产品推广应用，打造具有世界优势的头部企业。加快轻工、纺织等行业新产品、新品牌、新业态、新模式发展，在稳住国际市场的同时，激发自主品牌消费热潮。深入推进国家战略性新兴产业集群发展工程，构建一批各具特色、优势互补、结构合理的战略性新兴产业增长引擎。前瞻谋划未来产业，组织实施未来产业孵化与加速计划，推动建设一批国家未来产业先导试验区。

四是优化市场主体活力激发机制。建立健全制度化政企互动机制,推动构建亲清政商关系。加强政策制定事先评估和事后评价,强化市场主体权益保护。大力弘扬企业家精神,鼓励实干兴邦。落实好支持制造业中小企业助企纾困政策和减税降费政策,用好直达实体经济货币政策工具,降低融资担保成本,减轻中小企业负担。此外,还要适时修订《鼓励外商投资产业目录》,鼓励外资更多投向先进制造等领域。

五是优化工业发展要素配置机制。科学确定石化、有色金属、建材等重点领域能耗标杆水平和基准水平,突出能效标准引领,严格能效约束,提高行业节能降碳水平。加大能耗标准制定修订等工作力度,建立动态提高能效标杆水平和基准水平机制,完善能源核算、检验认证、评估、审计配套标准。紧密结合制造业企业生产经营周期,合理确定融资期限,增加制造业中长期贷款投放。完善绿色金融标准体系和评价机制,落实产融合作推动工业发展专项政策。完善劳动力供需双方信息发布和对接机制,大力发展人力资源服务业,开展大规模多层次职业技能培训,努力破解企业用工难题。

《经济日报》(2022年02月28日10版)

> 拓展阅读

# 数字经济活力迸发

徐 翔 欧阳日辉

数字经济是全球经济未来发展方向，正在成为重组全球要素资源、重塑全球经济结构、改变全球竞争格局的关键力量。数字经济具有高创新性、强渗透性、广覆盖性，不仅是新的经济增长点，而且是改造提升传统产业的重要支点，可以延伸产业链条，畅通国内、国际经济循环。当前，我国数字经济活力迸发、快速发展，不断塑造发展新动能新优势，为构建新发展格局、建设现代化经济体系增添强劲动力。

党的十八大以来，以习近平同志为核心的党中央将发展数字经济上升为国家战略，推动互联网、大数据、云计算、人工智能、区块链等同实体经济深度融合，协同推进数字产业化和产业数字化。2012—2021年，我国数字经济规模从11万亿元增长到45.5万亿元，多年稳居世界第二，数字经济占国内生产总值比重由21.6%提升至39.8%。特别是2020年以来，数字经济在支持抗击疫情、恢复生产生活方面发挥了重要作用，为我国经济高质量发展注入了新动能。

数字基础设施实现跨越式发展，正在将我国工业体系完备的优势转化为海量数据优势和丰富应用场景。我国信息通信网络建设规模全球领先，信息通信服务能力大幅提升，算力基础设施达到世界领先水平，"十四五"时期还将加大以5G、工业互联网、"东数西算"、卫星互联网等为代表的新型基础设施投资力度，以低成本、优质服务支撑中小企业"上云上平台"用数据的需求。数字基础设施推动机器设备、生产线、工厂、供应商、产品、客户、消费者等从"万物互联"到智能互联，不但有利于打通消费领域与产业领域的数据、促进数据要素流通和数字技术应用，而且有利于催生新产业新业态新模式新场景，增强相关领域的关键技术创新能力。

数字经济和实体经济深度融合，有力推动经济发展质量变革、效率变革、动力变革。随着我国产业数字化发展不断提速，数字经济在三次产业中的渗透率不断提高，推动传统产业实现数字化转型。比如，电子商务、直播电商、即时零售等业态与生产融合发展，打破了传统生产环节与消费环节的时空限制，形成"线上下单预订—线下组织生产—物流运输派送"模式。截至2022年7月底，通过智能化改造，110家智能制造示范工厂的生产效率平均提高32%，资源综合利用率平均提高22%，产品研发周期平均缩短28%，运营成本平均下降19%，产品不良率平均下降24%。通过整合产业链价值链、推进区域经济一体化，数字经济提高了市场可达性，有效促进了一二三产业融合发展。

数字经济促进共享发展、协调发展，激发社会发展活力。数字经济蓬勃发展，在为经济增长提供新动力的同时，也进一步促进共享发展和协调发展。近年来，数字政府、数字惠民服务、数字乡村、数字医疗发展成效显著，推动公共服务更加普惠可及，让经济发展成果更多更公平惠及全体人民。数字经济发展带来创业型就业的新方向新场景，催生出一批灵活就业岗位和多种新就业形态，既为保障城乡劳动力就业创业开拓更大发展空间，也为欠发达地区提供新的发展机遇，有力促进区域协调发展。

数字经济提供多样化的产品和服务，提升人民群众的获得感幸福感。当前，人民美好生活需要日益广泛，多样化、个性化、多层次的消费需求不断增长。数字经济快速发展，一方面有效支撑消费结构优化升级，满足人民日益增长的物质生活需求。截至2022年6月，我国网络购物用户规模达8.41亿，占网民总数的80%；农村网络零售额从2015年的3530亿元增至2021年的2.05万亿元。另一方面不断满足人民日益增长的文化生活需求。网络视听、网络文学、网络音乐、网络互动娱乐等不断发展，截至2022年6月，我国短视频用户规模达9.62亿，网络新闻用户规模达7.88亿，网络直播用户规模达7.16亿。数字经济在增进民生福祉、提高生活品质方面发挥着重要作用。

面向未来，坚持"两个毫不动摇"，打造市场化、法治化、国际化的一流营商环境，遵循数字经济发展规律，以数字技术与实体经济深度融合为主线，进一步推动数字经济高质量发展，必将促进新时代的中国更加充满生机活力。

《人民日报》（2023年02月10日09版）

# 加快中小企业数实融合步伐

邹 翔

深入实施数字化赋能中小企业专项行动,中央财政继续支持数字化转型试点工作,带动广大中小企业"看样学样"加快数字化转型步伐……不久前,国务院促进中小企业发展工作领导小组办公室印发了《助力中小微企业稳增长调结构强能力若干措施》,对促进中小企业数字化转型作出专门部署,为促进中小企业数实融合提供更多政策支持。

在党的二十大报告中,习近平总书记强调,"支持中小微企业发展""促进数字经济和实体经济深度融合"。党的十八大以来,以习近平同志为核心的党中央高度重视发展数字经济,将其上升为国家战略,推动数字化转型向纵深拓展。如今,超过60个国民经济大类已广泛开展数字化转型工作,并由生产、管理等单点应用走向横跨产业链、供应链的全环节深度变革。

不过,受投资意愿、技术水平、人才储备等因素影响,中小企业数字化转型相比大型企业进程较慢。抽样调查显示,目前我国89%的中小企业处于数字化转型探索阶段,仅有3%进入深度应用阶段。加快发展数字经济,打造具有国际竞争力的数字产业集群,必须加强政策协同、强化科学指引、凝聚工作合力,解决好中小企业"不敢转""不能转""不会转"的难题。

中小企业利润相对微薄，数字化转型资源投入受限。加快中小企业数实融合进程要由易到难，聚焦中小企业特征和实际需求，根据现阶段资源禀赋和转型现状，采取适配性更高的转型策略。从中小企业自身发展角度看，可以优先从基础扎实、潜在价值高的环节切入，再逐步扩大数字化在业务环节和管理环节的覆盖范围。从数字化转型服务供给方的角度看，互联网平台企业、工业互联网平台企业、数字化转型服务商等，应优先推出小型化、快速化、轻量化、精准化的应用和订阅式服务，不断降低数字化转型门槛，提升中小企业的转型积极性。

当前，世界经济数字化转型是大势所趋，越来越多的企业认识到数字化转型的重要性。但也要看到，中小企业数字化转型不可能一蹴而就，需要以点带面推进。一方面，要发挥大企业、平台企业的引领作用，推动大企业面向中小企业开放订单、技术、工具、人才、数据、知识等资源，带动产业链供应链上下游的中小企业协同开展数字化转型。工信部印发的《中小企业数字化转型指南》提出，"大企业建平台、中小企业用平台"，探索共生共享、互补互利的合作模式，符合发展现状，也具有很强的操作性。另一方面，要推广典型经验，支持专精特新中小企业发挥示范引领作用，鼓励中小企业"看样学样"。工信部不久前发布的《中小企业"链式"数字化转型典型案例集（2022年）》显示，不少中小企业实现数字化转型后，效率大幅提升，效益明显改善。结合中小企业数字化转型的难点，打造一批转型样本企业，让其成本收益分析清晰可见，能大大增加中小企业的底气和信心，形成"试成一批、带起一片"的效果。

数字化转型是渐进发展、螺旋上升的长期过程。中小企业量大面广，是数字化转型的重点和难点。多措并举推动中小企业科学高效开展数字化转型，对于经济高质量发展至关重要。顺应经济社会数字化转型发展趋势，遵循中小企业数字化转型的客观规律，因时因势优化转型策略，驰而不息、久久为功，定能推动更多中小企业主动加入数字化转型浪潮，为我国经济高质量发展注入澎湃动力。

《人民日报》（2023年02月02日05版）

# 扎实推进产业基础再造工程

金观平

加快实施产业基础再造工程，促进传统产业升级，推进智能制造，发展先进制造业集群，是立足当前、着眼长远的战略部署，对于提高中国制造的核心竞争力具有重要意义。

通过实施产业基础再造，打破对传统经济发展路径的依赖，既是深化供给侧结构性改革的一项重要工程，也是建设现代化经济体系的一项重要任务。近年来，国家陆续出台一系列产业基础再造工程项目，以及支撑提升产业基础能力的政策举措，取得了积极成效。其中，一个重要表现就是制造业生产稳定、效益改善带动投资持续恢复。2021年制造业增加值占国内生产总值的比重达到27.4%,比上年提高1.1个百分点;带动制造业固定资产投资增速达到13.5%。

各地政府也聚焦关键领域加大技术攻关力度。高度重视创新在产业基础再造工程中发挥的作用,加快推动关键核心技术领域攻关,推动关键核心环节企业、上下游协作配套,积极培育产业生态龙头企业与核心零部件企业,夯实构建新发展格局、推动高质量发展的产业链基础。

不过,推进产业基础再造过程中也暴露出一些问题,对产业再造工程高质量发展形成了阻碍。比如,基础领域长效支持政策存在短板、关键共性技术供给机制有待完善、相关部门融合发展机制亟需构建,等等。这些问题,有的是长期性问题,有的是发展中出现的新问题,需要以改革创新为抓手,从政策机制到资源配置等方面不断寻求突破,推动传统产业高端化、智能化、绿色化发展。

要完善支撑产业基础再造的长效机制。各地需要从战略高度贯彻落实好国家有关专精特新"小巨人"等企业扶持政策,加强后期定点追踪,定期或不定期组织政策实施效果评估,及时发现对企业特别是中小企业扶持政策中存在的问题,探寻针对性解决方案。

要加强支撑产业基础再造的协同合作发展机制。进一步健全体制内外研发人员流动机制,加快构建企业信用评估体系,提高优质信用重点企业与高校科研院所的联合科研攻关力度,推动公共研发平台人才双向流动机制建设。

在技术领域,要突破"卡脖子"技术瓶颈,锻造产业发展领先优势。重点聚焦国内空白技术领域,聚焦重点领域、薄弱领域、产业链缺失环节，实施关键核心技术和产品攻关工程，集中力量补基础，降低"卡脖子"风险。通过打造一批新型共性技术平台，加强基础领域产业共性技术、高端技术、前瞻性技术研究攻关，解决关键共性技术问题。

同时，应健全支撑产业基础再造的基础产品市场推广应用体制。筛选关键产业领域的重点企业库，提高整机企业与关键零部件、基础材料等领域的企业专家在技术成果与新产品评估中的话语权，调动上下游企业参与前置研究的积极性，提高供需匹配度。

《经济日报》(2022年04月04日01版)

## 第四编

# 全面推进乡村振兴

全面建设社会主义现代化国家，最艰巨最繁重的任务仍然在农村。坚持农业农村优先发展，坚持城乡融合发展，畅通城乡要素流动。加快建设农业强国，扎实推动乡村产业、人才、文化、生态、组织振兴。全方位夯实粮食安全根基，全面落实粮食安全党政同责，牢牢守住十八亿亩耕地红线，逐步把永久基本农田全部建成高标准农田，深入实施种业振兴行动，强化农业科技和装备支撑，健全种粮农民收益保障机制和主产区利益补偿机制，确保中国人的饭碗牢牢端在自己手中。树立大食物观，发展设施农业，构建多元化食物供给体系。发展乡村特色产业，拓宽农民增收致富渠道。巩固拓展脱贫攻坚成果，增强脱贫地区和脱贫群众内生发展动力。统筹乡村基础设施和公共服务布局，建设宜居宜业和美乡村。巩固和完善农村基本经营制度，发展新型农村集体经济，发展新型农业经营主体和社会化服务，发展农业适度规模经营。深化农村土地制度改革，赋予农民更加充分的财产权益。保障进城落户农民合法土地权益，鼓励依法自愿有偿转让。完善农业支持保护制度，健全农村金融服务体系。

## 稳固脱贫基础，助力乡村振兴

### ——铆足干劲加快建设农业强国

人民日报评论部

"巩固拓展脱贫攻坚成果""以乡村振兴统揽新时代'三农'工作""实行乡村振兴战略实绩考核制度"……前不久，中共中央办公厅、国务院办公厅印发《乡村振兴责任制实施办法》。专门制定党内法规明确并落实乡村振兴责任，充分体现了以习近平同志为核心的党中央对"三农"工作一以贯之的高度重视，有助于建立健全乡村振兴责任体系，推动形成全党全社会合力促振兴的工作格局。

民族要复兴，乡村必振兴，乡村振兴是实现中华民族伟大复兴的一项重大任务。从世界百年未有之大变局看，稳住农业基本盘、守好"三农"基础是应变局、开新局的"压舱石"。党的二十大报告把"三农"工作摆在突出位置作出全面部署，吹响了新时代新征程全面推进乡村振兴的号角。在中央农村工作会议上，习近平总书记强调："全面推进乡村振兴是新时代建设农业强国的重要任务，人力投入、物力配置、财力保障都要转移到乡村振兴上来。"

时间见证不凡。在二〇二三年新年贺词中，回首过去一年，习近平主席指出："我们巩固脱贫攻坚成果，全面推进乡村振兴"。2022年是实现巩固拓展脱贫攻坚成果同乡村振兴有效衔接的深化之年。为了让脱贫群众生活更上一层楼，一系列更有力、更精准的举措陆续出台。比如，中央财政下达衔接推进乡村振兴补助资金1650亿元，帮助832个脱贫县分别培育起2到3个优势突出、带动能力强的主导产业。这一年，经过各方共同努力，脱贫攻坚成果得到进一步巩固拓展，脱贫成效更可持续；防止返贫动态监测和帮扶机制有效发挥作用，预防返贫底线兜得更牢；脱贫劳动力就业形势保持稳定，脱贫县农民人均可支配收入增速高于全国农民平均水平，脱贫人口人均纯收入保持较快增长。

"胜非其难也，持之者其难也。"如今，脱贫地区防止返贫的任务依然艰巨繁重。必须牢记，巩固拓展脱贫攻坚成果是全面推进乡村振兴的底线任务；尤应清醒，防范化解返贫风险这根弦须臾不可松，绝不能"喘口气、歇歇脚"，还需切实发挥好防止返贫监测帮扶机制作用，有效防止因疫因病返贫致贫，坚决守住不发生规模性返贫的底线。着眼未来，我们还需拿出更有力的举措、付出更艰辛的努力，继续压紧压实责任，把脱贫人口和脱贫地区的帮扶政策衔接好、措施落到位，坚决防止出现整村整乡返贫现象。工作不留空档、政策不留空白，让防贫网越织越密、越织越牢，才能为脱贫群众托起稳稳的幸福。

乡村振兴是包括产业振兴、人才振兴、文化振兴、生态振兴、组织振兴的全面振兴。全面实施乡村振兴战略，必须统筹部署、协同推进，抓住重点、补齐短板。一方面，要提高乡村振兴政策体系的综合效能，加强财政、金融、土地、人才、基础设施、公共服务等政策的系统性、整体性、协同性；另一方面，各地要解决好落地问题，制定出符合自身实际的实施方案，统筹推进农村经济建设、政治建设、文化建设、社会建设、生态文明建设和党的建设。产业振兴是乡村振兴的重中之重。从脆甜的延安苹果、细腻的五常大米，到清香的安吉白茶、爽口的赣南脐橙，一个个依托农业农村特色资源茁壮成长的产业，彰显现代农业发展的强劲动能。落实产业帮扶政策，做好"土特产"文章，强龙头、补链条、兴业态、树品牌，推动乡村产业全链条升级，有益于以产业振兴带动乡村全面振兴，促进农业全面升级、农村全面进步、农民全面发展，不断开创全面推进乡村振兴新局面。

稳固脱贫基础，助力乡村振兴，关键在人、关键在干。贵州探索创新"一中心一张网十联户"机制，优化基层治理；山东济南市三涧溪村下大力气吸引青年就业创业，让返乡下乡青年有机会有舞台……实践证明，出实招、务实功、抓落实，让大家感受到实实在在的变化，就能赢得农民群众的认可和支持，凝聚起推动乡村振兴的强大合力。全面建设社会主义现代化国家最艰巨最繁重的任务仍然在农村，全面实施乡村振兴战略的深度、广度、难度都不亚于脱贫攻坚。面对新发展阶段农业农村的新情况新问题，必须切实增强责任感使命感紧迫感，以更大的决心、更明确的目标、更有力的举措，全面推进乡村振兴落地见效。

"农闲人不闲，致富不停歇。"冬日里，依靠苹果产业脱贫奔小康的果农，或是在果园追肥、剪枝，或是利用线上线下多种形式销售苹果，成为广大农民群众在新征程上接续奋斗的生动缩影。广袤神州大地上，乡村振兴日益呈现新图景。眺望前方的奋进路，凝聚众智、集聚众力，继续巩固拓展脱贫攻坚成果，全面推进乡村振兴，广大农民生活定能芝麻开花节节高，农业强、农村美、农民富的美好画卷必将更加恢弘。

《人民日报》（2023年01月13日05版）

# 深刻把握大食物观的内涵和要求

程国强

粮食安全是"国之大者"。2022年以来,抗疫情、抓春播,防夏汛、抓田管,战旱情、保浇水,各地全力夺取秋粮丰收,成果来之不易,为确保国家粮食安全打下坚实基础。

习近平总书记在党的二十大报告中要求,"树立大食物观""构建多元化食物供给体系"。党的十八大以来,以习近平同志为核心的党中央把解决好十几亿人的吃饭问题作为治国理政的头等大事,提出了新粮食安全观,确立了国家粮食安全战略,走出了一条中国特色粮食安全之路。从更好满足人民美好生活需要出发,把握人民群众食物结构变化趋势,深刻认识和准确把握大食物观的实践要求,对新时代保障国家粮食安全,更好满足人民群众日益多元化的食物消费需求,具有重要意义。

践行大食物观,首先要树立大资源观。立足我国人多地少的基本国情，从耕地资源向整个国土资源拓展，全方位、多途径开发食物资源，宜粮则粮、宜经则经、宜牧则牧、宜渔则渔、宜林则林，开发丰富多样的食物品种。向森林要食物，发展木本粮油、森林食品；向草原要食物，推动草原畜牧业集约化发展；向江河湖海要食物，稳定水产养殖，积极发展远洋渔业，提高渔业发展质量；向设施农业要食物，探索发展智慧农业、植物工厂，有效缓解我国农业资源的瓶颈约束。从传统农作物和畜禽资源向更丰富的生物资源拓展，发展生物科技、生物产业，向植物动物微生物要热量、要蛋白。其次要树立大农业观。坚持以粮食生产为基础，统筹粮经饲生产，推动种养加一体，农林牧渔结合，促进农业供给体系结构优化、高质高效，推动形成同市场需求相适应、同资源环境承载力相匹配的现代农业生产结构和区域布局。第三要树立大市场观。一方面，充分发挥市场在资源配置中的决定性作用，更好发挥政府作用，不断增强粮食和食物产业链供应链韧性，全面提升粮食、肉类、蔬菜等各类食物保供能力和水平；另一方面，进一步从战略上提升统筹国内国际两个市场、两种资源的能力，畅通国内国际农业食品循环，提高农业食品国际供应链的安全性、稳定性和可持续性。

践行大食物观，需要保障粮食安全、生态安全和食品安全。粮食安全是基础，必须始终绷紧粮食安全这根弦，把中国人的饭碗牢牢端在自己的手中。生态安全是底线，面向整个国土资源多途径开发食物资源，需要牢固树立和践行绿水青山就是金山银山的理念，更加注重保护资源和环境，实现食物资源开发和生产绿色高质量可持续发展。食品安全是红线，食物来源更加多元，对食品安全提出了新要求新挑战，坚持用最严谨的标准、最严格的监管、最严厉的处罚、最严肃的问责，强化食品安全管理，确保人民群众吃得安全、吃得健康。要加强战略布局、突出重点环节，加快构建以粮食安全为基础、以确保食物有效供给为目标的粮食安全综合保障体系。

更好树立大食物观、践行大食物观，一定能为把饭碗牢牢端在自己手中、确保国家粮食安全提供更有力支撑。

《人民日报》（2022年10月28日05版）

# 走稳城乡融合发展之路

彭焕才

习近平总书记指出,强化以工补农、以城带乡,加快形成工农互促、城乡互补、协调发展、共同繁荣的新型工农城乡关系。改革开放以来特别是党的十八大以来,我国在统筹城乡发展、推进新型城镇化方面取得显著进展,但城乡要素流动不顺畅、公共资源配置不合理等问题依然突出,影响城乡融合发展的体制机制障碍尚未根本消除。新时代推动城乡融合发展,需要从战略高度把握和处理工农城乡关系,协同整体推进城乡融合发展。

进一步破除城乡二元结构。我国农业农村现代化明显滞后于工业和城市现代化,需要进一步破除城乡二元结构,促进城乡融合发展。将农业农村优先发展置于城乡融合发展的总体架构中推进,实现"以城带乡""以城兴乡""以工哺农""以工带农",推动形成工农互促、城乡互补、全面融合、共同繁荣的新型工农城乡关系。坚持问题导向，着力解决导致城乡分割、阻碍城乡要素双向自由流动和统一市场形成的突出问题，促进城乡要素合理配置、城乡基本公共服务均等化。创新农村经济发展模式，保持农民收入稳定增长态势，不断拓展城乡融合发展的广度与深度，加快形成与高质量发展相适应的空间格局、产业结构、生产生活方式，在经济增长、社会保障、环境保护、文化传播等方面促进城乡均衡、协调与可持续发展。

建立健全城乡融合发展体制机制和政策体系。通盘谋划城乡融合发展，着力破除户籍、土地、资本、公共服务等方面的体制机制制约，用足用好工商资本下乡、人才下乡、技术下乡、土地制度改革、户籍制度改革等相关政策。以县域为基本单元推进城乡融合发展，发挥县城连接城市、服务乡村作用，增强对乡村的辐射带动能力，促进县城基础设施和公共服务向乡村延伸覆盖，强化县城与邻近城市发展的衔接配合。顺应城乡关系深刻转型的大势，深化制度变革与政策调整，使财力与事权相匹配，强化推进城乡基本公共服务均等化的财力保障。加强制度供给，推动城市资本、技术、人才、信息等资源要素流向农村，强化城乡融合发展的要素保障。推进户籍制度改革，健全农业转移人口市民化机制；建立人才入乡机制，强化城乡融合发展人才支撑；建构多元投入保障机制，助推"三农"金融服务，增强城乡融合发展财力支持；科学合理确定城乡各领域各层级碳排放核算标准体系，构建城乡建设领域碳排放数据共享机制。

协同推进新型城镇化与乡村振兴。坚持把解决好"三农"问题作为全党工作的重中之重，加快农村基础设施建设和社会事业发展，改善农村生产生活条件，拓宽农民增收渠道，坚决补齐"三农"短板。积极培育拓展乡村多种功能，激活乡土社会发展内生动力，充分发挥新型城镇化以城带乡、工业化技术助农、人才回流、乡村振兴支农投入的多重推力与拉力作用，增强农业农村发展的动力和活力。同时，转变城市发展方式，统筹城市建设、产业发展、生态涵养、基础设施和公共服务，用工业化引领农业现代化，以新型城镇化促进乡村振兴。不断推动"人、业、地"城乡联动，协同建设城乡生产空间、生活空间与生态空间，推动城乡融合发展取得实效、行稳致远。

《人民日报》（2022年07月07日09版）

# 为实现乡村全面振兴奠定扎实基础

谢伦裕

习近平总书记强调,"民族要复兴,乡村必振兴"。全面建设社会主义现代化国家,实现中华民族伟大复兴,最艰巨最繁重的任务依然在农村,最广泛最深厚的基础依然在农村。实施乡村振兴战略,是决胜全面建设社会主义现代化国家的重大历史任务,是新时代"三农"工作的总抓手。必须从统筹"两个大局"的高度,充分挖掘乡村振兴在稳定经济增长、推动高质量发展和实现共同富裕方面的巨大潜力。

## 准确把握全面推进乡村振兴的重大意义

乡村振兴为推动高质量发展带来新契机。改革开放以来,我国快速推动工业化和城市化,不断提高要素配置效率,释放改革红利，为创造"两大奇迹"发挥了重要作用，但与城市发展的日新月异相比，农业、农村、农民的发展相对滞后。实施乡村振兴战略，对支撑城乡融合发展、促进新型城镇化建设具有至关重要的作用，也为我国经济增长新旧动能转换提供了新契机。

乡村振兴为平抑宏观经济波动带来新机遇。在乡村振兴过程中，农业农村现代化水平的提高将创造高质量的就业创业机会、吸引乡村人才回流，对稳定就业和保障收入发挥积极作用。乡村振兴将促进农业生产方式转型升级，改变农业生产和贸易的时空格局，全面提升农产品生产和供给能力，对保障农产品供给安全、稳定农产品价格和预防通货膨胀具有重要意义。

乡村振兴为推进污染治理与实现"双碳"目标开辟新空间。农村地区自然资源禀赋丰富，是提升生态产品供给和碳汇能力的重要支撑。乡村振兴激励生态资源丰富的地区有效发挥绿色优势，以生态振兴联动五大振兴，探索建立激励相容的生态产品供给和价值实现机制，加速自然资源资本化，是助力"碳达峰、碳中和"、实现农村可持续发展和推进我国生态文明建设的重要内容。

乡村振兴为促进公平与效率提供新路径。我国已进入高度合作型社会，通过技能培训等方式提升农村劳动力的技能，将有效提高全社会的合作效率。同时，乡村振兴将提升农村教育的质量和公平性，长期来看有助于解决贫困的代际传递难题，同时为经济发展积蓄人力资本。

乡村振兴为实现共同富裕提供新保障。乡村振兴更加强调在发展过程中提升农村资源可得性和农民人力资本积累水平、全面建设农村地区可持续发展能力、提高农村居民增收能力、不断缩小城乡差距、夯实共同富裕的基础,为实现共同富裕提供有效手段。

针对乡村产业和基础设施比较薄弱,自然资源、人力资本等要素的利用率和劳动生产率均有待进一步提升的现状,在全面推进乡村振兴的过程中,应重点聚焦加快农村基础设施建设、充分挖掘农村地区自然资源优势、加速人力资本积累三个维度。

## 加快基础设施建设,推动农业实现高质量发展

从提升供给质量看,随着我国农村基础设施特别是生产性配套设施的不断完善,农村承接产业梯度转移的能力日益增强,这不仅对推动农业农村技术进步和生产方式创新、提升农业生产效率具有重要促进作用,也对优化我国产业区域布局、畅通城乡区域经济循环具有积极带动作用。从有效扩大内需看,乡村振兴可以进一步发挥农村基础设施和公共服务领域投资对优化供给结构的关键作用,不断提高农村居民收入水平和增收能力,释放农村巨大潜在需求,推动农村消费市场扩容提质。

加强农村基础设施建设,关键是要下大力气建设"新型农业基础设施",改变农民"靠天吃饭"的传统模式,促进农业生产方式转型升级。在实践中,要强化以下基础环节:一是持续规范高标准农业生产过程,加快建设温室、大棚等标准化设施,提升农作物自然风险防御能力;二是根据地域特征和产品特性,加强农产品仓储保鲜、冷链运输和物流设施建设,延长销售时间或错季销售,实现

产品保值增值；三是加快完善县、乡、村三级农村物流体系，建强物流设施和数字基础设施，充分利用电商平台、网络直播等新型营销方式，推动高质量农产品与市场需求有效匹配；四是推进供应链创新应用，开展农商互联农产品供应链建设，与重要地区或全国性物流中心建立有序稳定联系；五是建立和推广农产品标准化体系、产品质量认证标准体系，打造农产品品牌，对标北上广等一线城市商超农产品标准，争取国际通行的农产品认证，增强产品的全球竞争力。

## 挖掘自然资源优势，推动农村实现绿色发展

我国乡村拥有广袤的土地、林地等自然资源，乡村地区丰富的绿色生态资源在生态文明建设中具有可供深入挖掘的后发优势。

挖掘农村地区自然资源优势，首先需要积极推动资本和新技术下乡。一方面，支持和鼓励资本下乡，提高农村生产要素利用率；另一方面，积极推动新技术和新产品向农村扩散和应用，包括农业机械化、自动化技术的继续提高，以及新型农业绿色技术、数字技术在农业和农村中的广泛应用，提高农村生产要素生产率，从而推动农村生产方式和农民生活方式转型，通过能源供给清洁化和产业发展绿色化，实现经济增长、农民增收与碳减排协同发展，开辟农村地区绿色发展的有效路径。

其次，不断提高生态资本"变现"能力。在加速工业化时期，自然环境曾经是制约地区发展的重要因素，造成所谓守着金山银山

没饭吃的"绿色贫困"现象。随着经济社会发展，人们对绿色环境、生态产品的需求持续增加，绿色资源的经济社会价值不断增长。要激活沉睡的自然资源，克服"绿水青山无价"的难题，创新绿色金融服务路径，探索生态产品价值可量化、能变现的绿色发展新路，真正把绿水青山有效转化为增收致富的金山银山。

最后，持续改善农村生产、生活、生态环境。因地制宜发展生态农业，实施绿色生产项目，推动农业与旅游、教育、体育、文化等产业深度融合，形成"自然＋生产＋休闲＋康养"的综合体；向农村地区投入更多的资源要素和公共服务，加强消防供水、消防设施和器材、小型停车场的配套建设，完善水力、电力、通讯及网络设施，提高绿色生态环境中的现代宜居水平；以农村垃圾、污水治理和村容村貌提升为主攻方向，有序推进农村人居环境突出问题的治理；严守生态环境"红线"，对旅游生态资源进行科学规划、合理开发。

## 加速人力资本积累，提升农民内生发展能力

研究发现，人力资本是经济增长的持久动力，各国经济增长差异主要来自人力资本积累差异以及人力资本比较优势差异。全面推进乡村振兴，必须着力加速乡村人力资本积累。加强乡村人力资本积累，既着眼长远，又把握好当下。从长远看，在乡村振兴全局中，要更加注重提升农村教育质量和资源均衡，着力阻断脱贫后可能返贫的代际传递问题，为乡村振兴人力资本蓄积提供源头活水，不断

提升农村地区可持续发展能力和农村居民增收能力,加快缩小城乡差距,夯实共同富裕基础。把握好当下,应重点从三个方面着力:

一是在乡村振兴过程中,农业农村现代化水平的提高将创造更多高质量就业创业机会,要通过完善激励政策,优化就业创业环境,吸引更多乡村人才回流,造就一大批家庭农业经营、农村合作社和龙头骨干企业的"农二代"接班人,促进乡村青年由身份标识向职业认同转变。

二是在推动乡村振兴过程中,要注重培养能够引领一方、带动一片的农村实用型人才带头人,在农业实践中壮大新一代乡村企业家队伍、电商人才队伍、乡村工匠队伍,使农村人力资本在与新技术、新产业、新模式的结合中重塑乡村发展新动能。

三是在推动乡村振兴过程中,要推动农民从务农向农业工人和乡土科学家转变。通过劳动技能和知识培训,引导农民从传统的农民、农民工向现代农业工人、新型农业经营主体身份转换;通过先进农业生产资料和农业机械设备使用培训、技术服务培训,促进农民提高自身科技知识、管理经验、技术技能等综合素质,成为有效掌握农业新科技、新机械、新农艺的现代农民;通过加大基层科研专项财政投入力度,激发广大青年农业科技工作者创新活力,大力培育乡土科学家,帮助更多农民从知识的应用者转变为知识的创造者。

《光明日报》(2022年06月13日06版)

# 完善农村要素市场化配置

涂圣伟

推动全体人民共同富裕取得更为明显的实质性进展,离不开农村生产力的充分发展。加快深化农村要素市场化配置改革,着力提高要素配置效率,既是促进城乡融合发展的题中之义,也是推动乡村经济高质量发展、缩小城乡收入差距的重要手段。

## 重视完善要素市场化配置的作用

政府和市场是两种基本的资源配置手段,二者的作用边界和实现形式在不同制度条件、不同发展阶段有所不同。这些年来,因要素单向净流出农村而形成的不利于"三农"发展的局面已经得到明显改善,农民收入随之实现持续增长。但客观地看,当前,单纯依靠政策边际调整已经难以对城乡收入差距格局继续产生根本性影响。

促进农民农村共同富裕,有为政府不可或缺,同时还需要发挥好有效市场的重要作用,不断完善城乡要素市场化配置,在增进效率和改善收入分配中进一步弥合城乡差距。

关于要素市场化配置与农民农村共同富裕的关系机理,大体上可以从促进农民收入增长和改善农村民生福祉两个方面来理解。

其一,改善农业生产效率促进农民增收。提高要素配置效率对农业全要素生产率增长具有不可替代的作用。改革开放40多年来,我国农业产出能力得到大幅跃升,很大程度上可以归因于农业全要素生产率的持续提升,其中,要素配置效率持续改善发挥了非常积极的作用。尽管如此,我国农村要素配置效率改善的程度依然有限,不同要素的配置存在不同程度的扭曲。深化要素市场化配置改革,促进城乡要素顺畅流动,有利于实现要素跨界高效配置以及农村一二三产业融合发展,催生诸多新产业新业态新模式,使农民能够分享更多产业链增值收益。同时,农村要素市场化配置范围扩大,有利于形成各种要素汇聚的良性循环,并通过规模效应等提升农业生产效率,促进农民经营性收入增长。

其二,促进人力资本积累增强农民创富能力。城乡人力资本积累水平存在较大差距,是城乡收入差距形成的重要原因。当前,劳动力和人才的社会性流动渠道尚不畅通,在一定程度上制约了农村人力资本积累和农民收入增长。一般而言,市场化程度高更易于形成城乡统一的劳动力市场。通过促进农村劳动力要素市场化配置,建立起平等竞争、规范有序、城乡统一的劳动力市场,以及农民工劳动权益保障机制和公共就业创业服务制度,有利于促进农民工资性收入和福利待遇增长。同时，也有利于促进包括返乡农民工在内的各类人才向农村流动，由此产生的知识扩散效应、企业家创业示范带动效应以及产业投资的知识溢出效应，对改善农村人力资源结构、提高农民创富能力具有重要作用。

其三，要素资源资本化有利于农民财产增值。要从根本上缩小城乡收入差距，就要重视和解决好财产性收入差距扩大的问题。在当前影响农村居民财产性收入增长的诸多因素中，农村土地资产功能转换困难和农村金融服务有效供给不足的问题比较突出。通过推动农村土地要素市场化配置，有利于形成更加健全的土地流转价格形成机制，并通过利益分配机制建设，让更多农民能够享受到资产增值收益。实现农村金融的有效供给，也有利于为农村居民提供更多、更安全的投资渠道。

其四，壮大农村集体经济改善农村民生福祉。个体富裕与集体富裕相互依赖和关联，发展新型农村集体经济是促进共同富裕的重要一环。扩大农村要素市场化配置范围，有利于促进农村集体资产保值增值。通过土地、林地等资源入股专业合作社、龙头企业等经营主体，可以为农民提供就业机会、拓宽收入渠道。同时，公共产品的有效供给对保障和改善民生至关重要。发展农村集体经济，有利于增强村级组织集体行动能力，更好改善农村基础设施和公共服务的整体水平。

**如何** 推动高质量发展

## 关键要切实提升市场的有效性

要素市场化配置能否实现促进共同富裕的目标，取决于市场是否有效，这又涉及三个方面的有效性，即要素市场化配置范围、要素市场体系与市场秩序。当前，农村要素市场建设在上述几个方面都有改进空间。

一方面，农村要素市场体系尚不完备。健全的市场体系是要素高效配置的基础。一般而言，市场的有效性往往与其完善程度成正比，而市场作用的有效性又直接影响甚至决定资源配置效率和供需匹配效率。一个比较完备的农村要素市场体系应该包括土地市场、劳动力市场、资本市场、技术市场和数据市场等。现实地看，我国农村各类要素市场发育普遍滞后，特别是劳动力、金融、土地等市场发育不充分，导致要素价格难以真实灵活地反映市场供求关系、资源稀缺程度。另一方面，要素市场基础制度建设滞后。市场秩序和规范的确立有利于降低市场运行成本。要素市场制度建设涉及市场化交易平台、要素交易规则、要素交易监管等。在我国农村各类要素市场建设中，产权保护、市场准入等基础制度还存在明显短板，农村土地、技术、数据市场交易管理制度还不健全或者缺位，各类市场主体平等使用生产要素、公平参与市场竞争、同等受到法律保护的局面尚未完全形成。此外，农村产权关系和产权保护制度尚不健全，这也是制约市场作用更好发挥的重要因素，对要素自主有序流动和优化配置带来不利影响。

要认识到，农村要素市场化配置改革具有基础性影响，牵涉的问题十分广泛和复杂。特别是当前，我国城乡形态深刻调整，农村要素市场化配置改革必然牵动城乡两个地理空间。从实践效果看，仅仅局限于农村而不能关照城市的制度改革，或仅限于农村单一领域而忽视其他领域的制度改革，都很难达到改革的预期效果。如果财税制度、农村社会保障制度等关联性改革不能系统性推进，扩大农村要素市场化配置范围的速度和广度就会受到影响。因此，农村要素市场化配置改革必须坚持协同推进。

## 分类推进农村要素市场化配置改革

无论是强化乡村全面振兴的基础，还是缩小城乡收入差距、促进农民农村共同富裕，深度推进农村市场化建设、完善要素市场化配置都十分重要且迫切。然而，我国的基本国情农情是"大国小农"，不同要素的属性和市场化程度存在差异，推进农村要素市场化配置改革需分类施策。

对农村劳动力要素而言，需要进一步深化户籍制度改革，推进基本公共服务均等化，实现农民工就业和待遇公平，同时，加快建立健全城市人才入乡激励机制，引导更多高素质劳动力向农村流动，改善农村人力资本水平。对农村资本要素而言，增强农村金融服务的可得性、便利性和有效性是重点方向，应着力提升金融服务覆盖的广度和深度，特别是充分利用现代技术手段，通过发展农村数字普惠金融来解决农民融资难问题。对土地要素而言，关键在于建设城乡统一的市场，探索农村集体经营性建设用地入市途径，健全土地增值收益分配机制，积极探索宅基地所有权、资格权、使用权分置的实现形式等。对技术要素、数据要素等的市场建设而言，可以鼓励有条件的地方先行试点探索，总结经验模式后再逐步推广。

还要看到，基础性制度对农村要素市场体系建设至关重要，需要提高制度创新的整体性、协同性。一方面，更加注重农村要素市场化配置改革的系统性，从而形成改革的交互作用和叠加效果，提高不同要素资源的组合配置效率。另一方面，更加注重农村要素市场化配置改革与其他关联性改革的同步性，加强财税制度、农村社会保障制度等方面的改革，为要素市场化配置改革创造条件。总之，只有在系统性、协同性上下功夫，充分整合各方面资源和力量，既发挥有为政府作用，又发挥有效市场作用，完善城乡要素市场化配置，加快提高要素配置效率，才能有效缩小城乡收入差距，促进农民农村共同富裕。

《经济日报》（2022年03月30日10版）

# 提高政治站位　确保国家粮食安全

王宪魁

党的十八大以来，习近平总书记围绕确保国家粮食安全发表了一系列重要论述，强调"粮食问题不能只从经济上看，必须从政治上看，保障国家粮食安全是实现经济发展、社会稳定、国家安全的重要基础""解决好十几亿人口的吃饭问题，始终是我们党治国理政的头等大事""中国人的饭碗任何时候都要牢牢端在自己手中，饭碗主要装中国粮"。2021年底召开的中央经济工作会议，要求各级党委和政府、各级领导干部要自觉同党中央保持高度一致，提高政治判断力、政治领悟力、政治执行力。我们要深入学习贯彻习近平总书记关于国家粮食安全的一系列重要论述，深刻认识粮食安全对于确保国家经济安全和社会稳定的重要性，切实提高保障国家粮食安全的政治判断力、政治领悟力、政治执行力，从战略层面把握、从政治高度考量、在工作中精准落实国家粮食安全战略。

## 从政治高度看待粮食安全问题

习近平总书记指出:"保障好初级产品供给是一个重大战略性问题""决不能在吃饭这一基本生存问题上让别人卡住我们的脖子"。提高保障国家粮食安全的政治判断力、政治领悟力、政治执行力,要善于从政治上进行分析和研判,确保中国人的饭碗任何时候都牢牢端在自己手上,中国人的饭碗应该主要装中国粮,始终掌握粮食安全的主动权。

近年来,我国粮食生产成效显著,口粮自给率达到100%,人均粮食占有量高于人均400公斤的国际粮食安全标准线。2021年,我国粮食产量实现"十八连丰",达到13657亿斤。但应清醒认识到,我国粮食供求仍处于紧平衡状态。粮食品种结构上,稻谷和小麦两个主粮品种产量总体稳定、平衡有余,玉米存在产需缺口,大豆缺口较大,需大量进口。粮食生产区域结构上,粮食主产省份中粮食净调出的省份数量减少,产销平衡区和主销区粮食自给率下滑,粮食生产呈现进一步向主产区集中的趋势。进口持续增加,特别是产需矛盾大的大豆年度进口量持续保持高位,呈现出进口区域集中、进口渠道单一等特点。

提高保障国家粮食安全的政治判断力、政治领悟力、政治执行力,要从政治高度看待粮食安全问题,始终保持清醒头脑和清晰判断,不断提升见微知著的政治敏锐性和政治洞察力,清醒认识我国粮食安全面临的严峻形势。在世纪疫情冲击下,百年变局加速演进,我国发展面临的外部环境更趋复杂严峻和不确定。确保国家粮食安全，决不能仅仅看口袋里有多少钱，而要看饭碗里有多少中国粮。要不断总结成功经验，找准抓落实的方法和路径，始终立足自身牢牢抓好粮食生产，补齐粮食安全中存在的短板和不足，确保中国人的饭碗主要装中国粮。

## 坚决扛起粮食安全的政治责任

习近平总书记指出："要坚持农业农村优先发展，推动实施乡村振兴战略""要扛稳粮食安全这个重任。确保重要农产品特别是粮食供给，是实施乡村振兴战略的首要任务"。习近平总书记的重要论述，明确了农业农村改革发展的重要功能定位，为深入实施乡村振兴战略指明了方向。提高保障国家粮食安全的政治判断力、政治领悟力、政治执行力，要善于运用政治思维思考问题，全面贯彻习近平新时代中国特色社会主义思想，准确把握党中央决策部署。

改革开放以来，随着我国人口增加、城镇化持续推进、人民群众生活质量提升和城乡居民消费结构不断升级，肉蛋奶等副食品消费持续增加，带动粮食需求不断扩大，粮食需求总量呈刚性增长趋势。1978年，我国城镇和农村居民人均主要肉类、禽类、鲜蛋消费量分别为13.7千克、1.0千克、3.7千克和5.2千克、0.3千克、0.8千克。2020年，我国城镇和农村居民人均肉类、禽类、蛋类消费量分别上升至27.4千克、13.0千克、13.5千克和21.4千克、12.4千克、11.8千克，均较改革开放之初大幅增加。由于每生产1千克肉、禽、蛋、奶等动物性食品都需要几千克的粮食，因此，居民对肉禽蛋奶需求的增加也带动了对饲料用粮需求的持续增加。

做好新时代粮食安全工作，要不断提高政治判断力、政治领悟力、政治执行力，深刻认识党中央对农业农村改革发展的功能定位和确保国家粮食安全的重要性，把确保重要农产品特别是粮食供给作为实施乡村振兴战略的首要任务来抓，不断增强使命担当，坚决扛起粮食安全的政治责任。树立大粮食安全观，适应不断升级的消费结构，进一步增加肉蛋奶等重要副食品的生产供应，更好满足人民日益增长的美好生活需要。大力清理整治大棚房、违建别墅、乱占耕地建房等打着各种旗号破坏、占用耕地的行为，解决耕地占补平衡等方面存在的问题，坚决遏制耕地"非农化"、严格管控"非粮化"，确保粮食种植面积不减少、产量不下降，持续提升粮食安全保障能力和水平，保证农产品供给充足，确保口粮绝对安全。

## 精准落实国家粮食安全战略

习近平总书记指出："国家粮食安全这根弦什么时候都要绷紧，一刻也不能放松""应对各种风险挑战，必须着眼国家战略需要，稳住农业基本盘、做好'三农'工作，措施要硬，执行力要强，确保稳产保供，确保农业农村稳定发展"。提高保障国家粮食安全的政治判断力、政治领悟力、政治执行力，必须贯彻落实习近平总书记关于国家粮食安全的一系列重要论述和党中央决策部署，善于将党中央重大战略转化为推动工作的具体战术，以高度的政治责任感、历史使命感和现实紧迫感，扎实做好确保国家粮食安全各项工作，把国家粮食安全战略精准落实到具体工作中。

落实最严格的耕地保护制度，坚决遏制耕地"非农化"、严格管控"非粮化"。习近平总书记指出："保障国家粮食安全的根本在耕地，耕地是粮食生产的命根子。"落实国家粮食安全战略，根本在于保护好耕地。要采取长牙齿的硬措施保护好耕地，坚决守住18亿亩耕地红线。以提升粮食产能为目标，扎实推动高标准农田建设，加快推进黑土地保护法、耕地资源保护法、粮食安全保障法等立法工作，实施国家黑土地保护工程、高标准农田建设工程，不断健全农田水利体系，补齐防汛抗旱短板，持续提升耕地质量。严格规范耕地占补平衡，加强耕地用途管制，确保永久基本农田重点用于发展粮食生产。

稳定提高粮食综合生产能力、粮食供给保障能力，确保粮食产得出、供得上。调动地方党政重农抓粮的积极性和农民务农种粮的积极性，加大粮食生产政策支持力度，保障种粮基本收益，保持粮食播种面积和产量稳定，主产区要努力发挥优势，产销平衡区和主销区要保持应有的自给率，共同承担起维护国家粮食安全的责任。切实加强粮食综合生产能力建设，把综合生产能力作为硬指标，抓好现代种业、先进农机装备、高标准农田建设。创新经营方式，发展适度规模经营，培育新型经营主体，健全专业化社会服务体系，不断提高粮食生产供给的质量和效益。

加强粮食储备能力建设，确保口粮绝对安全。粮食储备是保障国家粮食安全的重要物质基础。要改革完善粮食储备管理体制，健全粮食储备运行机制，强化内控管理和外部监督，加快构建更高层次、更高质量、更有效率、更可持续的粮食安全保障体系。综合考虑国内粮食生产、消费、库存、市场供应和宏观调控等各方面因素，结合历史经验，科学确定粮食储备功能和规模，优化储备布局和品种结构，确保口粮绝对安全。不断健全完善粮食储备功能定位，坚持政策性职能和经营性职能彻底分开，强化政府储备公共产品属性，压实主体责任和监管责任。推动中央储备与地方储备、政府储备与企业储备互为补充、协同发展，增强调节市场稳定预期、服务宏观调控、应对突发事件和提升国家安全能力。加强储备安全管理，增强储备调节的灵活性和精准性，增强对粮食市场波动的快速反应和及时调节能力。优化储备区域布局，中央储备主要布局在战略要地、粮食主产区、交通要道和有特殊需要的地区，地方储备主要布局在大中城市、市场易波动地区、灾害频发地区和缺粮地区，做到关键时刻储备粮调得出、用得上。逐步完善分类管理、分级负责、属地保障的粮食应急管理体制，加快形成布局合理、运转高效的粮油应急保供网络。

合理利用国际市场资源，推动进口来源国和渠道多元化。积极支持粮食企业"走出去""引进来"，开展国际合作，合理利用国内国际两个市场、两种资源。优化粮食进口渠道，拓展多元化粮食来源市场，降低对单一国家和地区的进口依存度，确保粮食供应安全、价格可控，防止被"卡脖子"。深化与共建"一带一路"参与国家的粮食经贸合作关系，共同打造国际粮食合作新平台，促进参与国家的农业资源要素有序自由流动、市场深度融合。积极参与全球和区域粮食安全治理，积极探索国际粮食合作新模式，开展全方位、高水平粮食对外合作，维护世界贸易组织规则，促进形成更加安全、稳定、合理的国际粮食安全新局面，更好地维护世界粮食安全。

《人民日报》(2022年02月25日09版)

> 如何 推动高质量发展

>> 拓展阅读

# 为新型农业经营主体发展提供金融支持

王修华

习近平总书记在党的二十大报告中指出："全面建设社会主义现代化国家，最艰巨最繁重的任务仍然在农村""巩固和完善农村基本经营制度，发展新型农村集体经济，发展新型农业经营主体和社会化服务，发展农业适度规模经营"。在坚持家庭承包经营基础上，培育从事农业生产和服务的新型农业经营主体是关系我国农业现代化的重大战略，有利于全面推进乡村振兴、加快建设农业强国。金融是现代经济的核心，也是经济高质量发展的重要引擎。发展新型农业经营主体，需要发挥好金融的支持作用。

发展新型农业经营主体，对金融发展提出了新要求。相比小农户，新型农业经营主体的规模化、集约化、标准化、专业化程度更高，加之农业生产经营周期较长，对融资规模和融资期限结构的多元化、金融服务的差异化等都提出了更高要求。支持新型农业经营主体发展，需要农村金融机构加大金融产品和服务方式创新力度；及时根据新型农业经营主体经营风险变化调整准入标准、担保方式、贷款额度和期限等信贷政策；将更多金融资源配置到重点领域和薄弱环节；等等。

农村数字普惠金融是一种新型金融服务，在支持新型农业经营主体发展方面，相比于传统农村金融具有以下优势。一是发展农村数字普惠金融能够打破空间限制，有助于实现金融服务全覆盖，有效破解农村地区长期以来面临的金融服务不足问题，提升新型农业经营主体的金融可得性。二是发展农村数字普惠金融有助于创新农村金融服务模式，完善农村金融风险分担机制，拓宽新型农业经营主体融资渠道，拓展农村金融服务深度，更好适应新型农业经营主体的金融需求。三是发展农村数字普惠金融有利于改善农村信用环境，缓解融资中的信息不对称问题，降低信息采集成本和风险评估成本，减少农村物理网点成本和人力成本，提高农村金融机构支持新型农业经营主体发展的意愿，缓解新型农业经营主体融资难、融资慢、融资贵等问题。

目前，农村数字普惠金融支持新型农业经营主体发展，面临着农村数字基础设施相对薄弱、农村金融机构数字化转型相对缓慢、新型农业经营主体能力相对不足等方面的制约，需要采取有针对性的措施加以解决。一是进一步加强农村数字基础设施建设。落实数字基础设施升级行动，推进农村信息基础设施优化升级，推动传统基础设施数字化改造升级，为发展农村数字普惠金融提供基础设施支撑。二是推进农村金融机构数字化转型。充分发挥大型金融机构的示范引领作用，通过能力输出、技术辐射、同业协作等方式以大带小、以强扶弱，推动农村金融机构的全流程数字化转型。探索"农业大数据＋金融"支农模式，为不同新型农业经营主体开发差异化、个性化的数字金融产品。营造有利于金融科技人才集聚的外部环境,为推进农村金融机构数字化转型提供人才保障。三是加快培育新型农业经营主体。鼓励组建农业产业联合体,培育壮大现有新型农业经营主体。积极开展职业培训、论坛讲座、公益广告、网站专栏等多种形式的宣传教育活动,提升新型农业经营主体的农业产业知识和数字金融素养,增强新型农业经营主体的发展能力和内生动力。

《人民日报》(2023年01月06日09版)

# 用好乡村特色资源 发展乡村特色产业

王 浩

走进陕西延安,梁峁沟壑层叠,连片果园延绵。提起苹果,大伙儿有说不完的话。洛川县安善村果农李育宏感慨:"小苹果是'致富果''幸福果',一年能挣十来万。"创业做电商的崔长峰说:"把老家苹果卖到大城市,一天能发6车货。"目前,苹果产业收入在延安农民的经营性收入中占61%,成为覆盖面广、从业人数多、持续效益好、对农民增收贡献大的特色产业。红苹果鼓起钱袋子,也映红了老区人民的好日子。

全面建设社会主义现代化国家,最艰巨最繁重的任务仍然在农村。党的二十大报告提出:"加快建设农业强国,扎实推动乡村产业、人才、文化、生态、组织振兴。"习近平总书记在延安考察时强调:"要认真学习贯彻党的二十大精神,全面推进乡村振兴,把富民政策一项一项落实好,加快推进农业农村现代化,让老乡们生活越来越红火。"新形势下,进一步做好"三农"工作,要坚持农业农村优先发展,巩固拓展脱贫攻坚成果,全面推进乡村振兴,为实现农业农村现代化而不懈奋斗。

产业兴旺是解决农村一切问题的前提,乡村振兴关键是产业要振兴。党的二十大报告提出:"发展乡村特色产业,拓宽农民增收致富渠道。"延安苹果、赣南脐橙、安吉白茶……近年来,一个个具有地理标志和乡土特色的农产品,驶入产业化发展的快车道,成为乡村特色产业高质量发展的突出亮点。面向未来,继续为特色产业谋思路、为农民致富找门路,仍须紧紧围绕发展现代农业,构建乡村产业体系,促进农村一二三产业融合发展。

因地制宜发展特色产业,既要立足特色资源,又要找到合适的产业发展方向。延安土层松厚、光照充足、昼夜温差大,非常适宜种植苹果。老果园品质退化、效益变低,便推广间伐、矮化种植技术;冰雹和倒春寒影响果树生长,便安装防雹网,探索挖熏烟坑、喷防冻液等方法……当地积极作为,通过科学规划、技术创新、示范推广等方式,提高防灾减灾能力,实现苹果数量质量双提升。实践证明,地方特色产业发展潜力巨大,只有善于挖掘和利用本地优势资源,推进产学研有机结合,才能把特色资源转化为致富一方的特色产业。

推动乡村产业发展壮大，要通过全产业链拓展产业增值增效空间。走进洛川县一家公司，一个个红苹果经过多次清洗、分类分拣、包装入箱，实现从论堆卖到论箱卖的转变。当地还发展了冷链仓储、精深加工等产业，并在乡村旅游上同步发力。一位基层干部满怀信心地说："要继续采取有力举措，向全产业链延展。"推广标准化种植，让一产优起来；推进初加工和精深加工，让二产强起来；做好文旅融合文章，让三产大起来……贯通产加销，融合农文旅，有助于推动特色产业迈向产业化，持续稳定释放更多发展潜力。

说一千道一万，群众受益是关键。发展特色产业，应当让农民更多分享产业增值收益。延安支持企业、合作社和农民签订订单合同，建立分红、股权等合作关系，形成多元利益联结机制，让广大果农成为产业受益者。洛川县果农路红珍算了一笔账："和果业公司签下订单，不愁销路，品质达标的，每斤比市场价高1块多。"利益共享才能实现发展共赢，才能促进产业增效、农民增收。从产业各环节入手，确保销售有订单、增值能分红，就能让致富之路越走越宽广。

延安苹果越种越好，延安人骄傲地说："苹果是老区延安的一张新名片。"继续做大做强做优各类特色产业，以更大决心、更强力度、更实举措推动乡村振兴，群众的生活必能像延安苹果一样又红又甜。

《人民日报》（2022年12月09日09版）

## 第五编
# 促进区域协调发展

深入实施区域协调发展战略、区域重大战略、主体功能区战略、新型城镇化战略，优化重大生产力布局，构建优势互补、高质量发展的区域经济布局和国土空间体系。推动西部大开发形成新格局，推动东北全面振兴取得新突破，促进中部地区加快崛起，鼓励东部地区加快推进现代化。支持革命老区、民族地区加快发展，加强边疆地区建设，推进兴边富民、稳边固边。推进京津冀协同发展、长江经济带发展、长三角一体化发展，推动黄河流域生态保护和高质量发展。高标准、高质量建设雄安新区，推动成渝地区双城经济圈建设。健全主体功能区制度，优化国土空间发展格局。推进以人为核心的新型城镇化，加快农业转移人口市民化。以城市群、都市圈为依托构建大中小城市协调发展格局，推进以县城为重要载体的城镇化建设。坚持人民城市人民建、人民城市为人民，提高城市规划、建设、治理水平，加快转变超大特大城市发展方式，实施城市更新行动，加强城市基础设施建设，打造宜居、韧性、智慧城市。发展海洋经济，保护海洋生态环境，加快建设海洋强国。

# 深入实施区域协调发展战略
## ——落实重大发展战略，开创事业新局

李洪兴

在二〇二三年新年贺词中，习近平主席指出："沿海地区踊跃创新，中西部地区加快发展，东北振兴蓄势待发，边疆地区兴边富民。"在黄土高原，村民点击鼠标就能让陕北特产走向全国；在大别山区，红薯经由先进设备变身红薯条、冰激凌、热干面等食品；在新疆塔什库尔干，新机场通航让帕米尔高原喜迎"空中来客"……从白山黑水到南海之滨，从雪域高原到东部沿海，我国区域发展形势稳中向好，区域发展平衡性协调性持续增强，铺展开一幅充满生机活力的画卷。

下好全国一盘棋，协调发展是制胜要诀。党的二十大报告在部署"促进区域协调发展"时提出："深入实施区域协调发展战略、区域重大战略、主体功能区战略、新型城镇化战略，优化重大生产

力布局，构建优势互补、高质量发展的区域经济布局和国土空间体系。"实施区域协调发展战略，是关乎我国经济发展全局的重要战略举措，是贯彻新发展理念、建设现代化经济体系的重要组成部分。深入实施区域协调发展战略，对推动区域经济持续发展和国土空间布局更加优化，形成主体功能明显、优势互补的区域协调发展新格局，具有重要意义。

我国幅员辽阔、人口众多，各地区自然资源禀赋差别之大在世界上是少有的，统筹区域发展从来都是一个重大问题。新时代十年，我国区域协调发展取得历史性成就、发生历史性变革：东、中、西部地区义务教育生师比基本持平，中西部地区每千人口医疗卫生机构床位数超过东部地区，中西部地区交通可达性与东部差距明显缩小，中西部地区就业机会和吸引力不断增加……新征程上，各地区各部门务须深入实施区域协调发展战略，以新举措、新成就激发区域协调发展新活力。

全局上谋势，关键处落子，协调是发展两点论和重点论的统一。在发展思路上，既要着力破解难题、补齐短板，又要考虑巩固和厚植原有优势。比如，中部地区，要"积极承接新兴产业布局和转移，加强同东部沿海和国际上相关地区的对接"；西部大开发，要"形成大保护、大开放、高质量发展的新格局"；欠发达地区，"可以通过东西部联动和对口支援等机制来增加科技创新力量"……坚持因地制宜、分类指导，确保各地区既合理分工又优势互补，有助于促进区域协调发展向更高水平和更高质量迈进，为贯彻新发展理念、构建新发展格局、推动高质量发展提供坚实支撑。

千钧将一羽,轻重在平衡。由平衡到不平衡再到新的平衡是事物发展的基本规律。数据显示,中部和西部地区生产总值占全国的比重,由2012年的21.3%、19.6%提高到2021年的22%、21.1%;东部与中、西部人均地区生产总值比分别从2012年的1.69、1.87下降到2021年的1.53、1.68。中、西部地区经济增速连续多年高于东部地区,区域发展差距逐步缩小,显现出区域协调发展战略的强大牵引作用。协调是持续健康发展的内在要求,强调协调发展不是搞平均主义,而是更注重发展机会公平、更注重资源配置均衡。下一步,要从多方面健全区域协调发展新机制,促进各类要素合理流动和高效集聚。

积力之所举,则无不胜也;众智之所为,则无不成也。西部大开发"形成新格局",东北全面振兴"取得新突破",中部地区"加快崛起",东部地区"加快推进现代化"……党的二十大确立的区域协调发展新目标,指引我们脚踏实地、真抓实干。新的征程上,全面落实区域协调发展战略各项任务,必能为中国式现代化注入澎湃动力。

《人民日报》(2023年02月21日05版)

# 促进区域协调发展
# 构建高质量发展的区域经济布局

张可云

党的二十大报告中指出,"深入实施区域协调发展战略、区域重大战略、主体功能区战略、新型城镇化战略,优化重大生产力布局,构建优势互补、高质量发展的区域经济布局和国土空间体系。"促进区域协调发展,是实现全体人民共同富裕的现代化、全面建成社会主义现代化强国的必然要求与应有之义。根据二十大报告的要求,通过扎实推动西部大开发形成新格局,推动东北全面振兴取得新突破,促进中部地区加快崛起,鼓励东部地区加快推进现代化,必将形成更高水平和更高质量的区域经济协调发展新格局。

## 把握区域协调发展的内涵及要求

习近平总书记指出,"做好区域协调发展'一盘棋'这篇大文章,不能简单要求各地区在经济发展上达到同一水平,而是要根据各地区的条件,走合理分工、优化发展的路子"。区域协调发展不是要求各地区实现发展模式和发展水平的整齐划一,而是应在符合各地区实际的情况下,通过发展谋求各地区之间的协调与动态平衡,在突出地区优势的基础上促进各地区发展水平的相对平衡。促进区域协调发展,应根据不同地区的资源禀赋条件、遵循区域经济发展规律,不断调整完善区域规划与政策,既要避免各类要素、资源在各地区间分配的平均主义,更要杜绝产业结构雷同和发展模式照搬的现象。各地区在制定发展规划时不仅要考虑本地资源禀赋等内部条件,更要兼顾自身在整体发展格局中的定位,优势区域应当进一步提升集聚效率、增强创新发展动力、壮大规模经济效应;非优势地区要加快弥补薄弱环节,增强在保障粮食安全、生态安全、边疆安全等方面的功能。在各地区均按照其实际条件与功能定位形成合理分工的基础上,强化彼此间的协作联系,以要素的合理流动和高效集聚带动区域协调发展,形成主体功能明确、优势互补、高质量发展的区域经济布局。

习近平总书记指出,"不平衡是普遍的,要在发展中促进相对平衡。这是区域协调发展的辩证法"。促进区域协调发展的前提是发展,是各地区在寻求高质量发展的过程中实现的相对平衡,必须用辩证思维推进区域协调发展,坚持实施区域重大战略、区域协调发展战略、主体功能区战略,并加强各战略之间的统筹协调。促进区域协调发展,一方面应通过不断完善全国统一大市场等举措,充分发挥市场机制在资源配置中的决定性作用,另一方面必须更好发挥政府作用,充分发挥各级政府的协调职能,进一步健全区域协调发展体制机制。

统筹区域发展从来都是一个重大问题,具有长期性。习近平总书记明确指出,"中国发展不协调是一个长期存在的问题,突出表现在区域、城乡、经济和社会、物质文明和精神文明、经济建设和国防建设等关系上"。我国幅员辽阔、人口众多,各地区自然资源禀赋差别之大在世界上是少有的,区域发展不平衡的问题由来已久,区域协调发展不可能一蹴而就,实现区域协调发展必然是一个长期的过程,需要久久为功。现代化新征程中实现区域协调发展依然面临极大挑战,这要求我们必须在较长时期内不断健全区域协调发展体制机制,不断完善促进区域协调发展的各项举措,加快形成统筹有力、竞争有序、绿色协调、共享共赢的区域协调发展新机制。习近平总书记对未来区域发展值得长期重点关注的问题进行了总结,主要包括"区域经济发展分化态势明显""发展动力极化现象日益突出""部分区域发展面临较大困难"三个方面,这为未来治理区域问题,实现落后区域尽快步入现代化轨道、老工业基地重振雄风指明了方向。

区域协调发展战略的目标主要包括三个方面,即努力实现基本公共服务均等化、基础设施通达程度比较均衡、人民基本生活保障水平大体相当。习近平总书记指出,"新形势下促进区域协调发展,总的思路是：按照客观经济规律调整完善区域政策体系，发挥各地区比较优势，促进各类要素合理流动和高效集聚，增强创新发展动力，加快构建高质量发展的动力系统，增强中心城市和城市群等经济发展优势区域的经济和人口承载能力，增强其他地区在保障粮食安全、生态安全、边疆安全等方面的功能，形成优势互补、高质量发展的区域经济布局。"

## 深入实施区域协调发展战略

党的十八大以来，在习近平经济思想的指引下，我国不断调整与完善区域协调发展战略的内容与重点，全面部署旨在优化国土空间发展格局、践行绿色发展理念的主体功能区战略，制定并实施一系列具有全局性意义的区域重大战略，提出并实施以人为核心的新型城镇化战略，通过这一系列战略与措施，在促进区域协调发展方面取得了非凡成就。例如，完成脱贫攻坚、全面建成小康社会的历史任务，实现第一个百年奋斗目标，就是新时代十年来对党和人民事业具有重大现实意义和深远历史意义的三件大事之一。此外，在推动老工业基地振兴、患有城市病的中心城市的非核心功能疏解，支持革命老区、民族地区加快发展以及加强边疆地区建设等方面也取得了明显成效。在上述成就的基础上，未来我国推进区域协调发展的重点与方向，主要包括以下方面的内容：

携手构建区域发展新格局。一方面，各地区应立足本地优势，充分依托国内生产网络，抓住外部环境变化产生的机遇，明确具有本地特色的发展思路、方向与路径，完全融入国内超大规模市场，充分借助其他区域的优势弥补自身发展短板，不能搞"区域小循环"。各地均按照自身定位、凭借自身优势融入国内产业链体系，以国内超大规模市场为空间载体，构建优势互补、高质量发展的区域发展新格局。另一方面，各区域同样需要优化内部空间布局。注意合理规划空间开发强度，避免在区域内形成同质且功能联系不强的多个子中心。壮大区域中心城市的经济规模，不断依靠合理集聚的中心城市打造本区域的增长极，进而带动城市与区域整体发展，有效避免因过度分散而使本地陷入低水平的空间平衡。

防范化解区域经济新风险。我国不同区域之间存在较大异质性，在新的时期实现区域协调发展，必须增强忧患意识，坚持底线思维，保持战略定力，做好统筹规划，应对错综复杂的形势，坚决防范化解区域协调发展中可能出现的风险。各地区应协同完善突发公共卫生事件应急管理体系，探索联防联控新机制，利用庞大的国内组织管理网络稳定区域发展。整合国家相关的防控与管理机制，为处理相关区域问题提供体制和政策保障。未来实现区域协调发展将面临各种新的考验，类似新冠肺炎疫情的负面冲击还有可能发生，只有时刻坚持底线思维，充分发挥主观能动性，不断化解区域经济发展中出现的新风险与新冲击，才能稳步推进区域协调发展。

塑造数字经济新动能。数字经济是新的时期推动我国区域协调发展的重要抓手。我国区域发展存在不平衡不充分问题的原因之一，是传统经济发展动能推动区域协调发展的效力有限。在传统发展模式中，地理区位和要素禀赋的限制使得欠发达区域借助其他地区优质要素实现经济快速发展的难度较大，因而这类区域很难实现发展转型与赶超。所幸的是，当前数字经济发展方兴未艾，数字技术正在持续打破空间限制、引导各类要素充分流动，这为形成强大数字经济新动能、推动区域协调发展提供了难得的契机。在数字化浪潮中，各区域可充分借助数字化技术弥补自身在要素投入等方面的不足，利用本地竞争优势挖掘新的经济增长点。对于落后地区而言，可借助在线医疗、远程教育等项目弥补自身在传统公共服务上的不足，有效提升发展机会和发展质量的平衡性。对于相对发达的区域而言，数字经济为实现城市精准管理、制造业高端化和制造业服务化进而促进区域高质量发展提供了有效的技术支撑。对于老工业基地而言，数字经济是其突破长期徘徊、倒退困境的重要机遇，这些区域可不断将数字经济渗透至当地传统优势产业，加速构建现代化产业体系。

《光明日报》（2022年11月01日11版）

# 新型城镇化是中国式现代化的必然选择

史育龙

现代化是人类社会发展的潮流,城镇化是现代化的必由之路。改革开放以来,我国经历了世界历史上规模最大、速度最快的城镇化进程,取得了举世瞩目的成就。习近平总书记指出:"如果城镇化目标正确、方向对头,能走出一条新路,将有利于释放内需巨大潜力,有利于提高劳动生产率,有利于破解城乡二元结构,有利于促进社会公平和共同富裕,而且世界经济和生态环境也将从中受益。"10年来,以习近平同志为核心的党中央深刻把握我国城镇化发展规律,提出推进以人为核心的新型城镇化,引领我国城镇化发展取得历史性成就,为社会主义现代化建设作出重大贡献。实践证明,推进以人为核心的新型城镇化,推动新型工业化、信息化、城镇化、农业现代化同步发展,是中国式现代化道路的重要内容,也是以中国式现代化推进中华民族伟大复兴的必然选择。

推进人口大国实现现代化的必然选择。在我们这样一个拥有14亿多人口的发展中大国实现现代化,在人类发展史上没有先例。大规模城镇化推动数亿农村富余劳动力和农村人口向城镇转移,向劳动生产率更高的非农产业部门转移,提高了经济发展质量和效益,推动经济持续发展和社会全面进步。改革开放以来,我国城镇化快速推进,平均每年新增城镇常住人口超过1600万人,城镇化率从1978年的17.9%提升到2012年的53.1%。城镇化吸纳大量农村劳动力转移就业,提高城乡生产要素配置效率,推动了国民经济持续快速发展,带来了社会结构深刻变革。党的十八大以来,我们党着力提升城镇化水平和质量,扎实推进以人为核心的新型城镇化战略,城镇化率提高到2021年的64.7%,城镇常住人口总量超过9亿人,空间格局不断优化、城市可持续发展能力不断增强、城乡面貌焕然一新,为我国经济持续健康发展和居民生活水平提高提供了有力支撑。

推进全体人民共同富裕的必然选择。共同富裕是社会主义的本质要求,也是中国式现代化的重要特征。实现共同富裕,要求我们着力解决城乡发展不平衡问题,让发展成果更多更公平惠及全体人民。以人为核心的新型城镇化,坚持发展为了人民、发展依靠人民、发展成果由人民共享,让全体人民共享城镇化成果,提高人口素质,促进人的全面发展和社会公平正义。党的十八大以来,我们党深入实施就业优先战略,统一城乡居民基本养老保险制度,整合城乡居民基本医疗保险制度,建立城乡统一、重在农村的义务教育经费保障机制,制定基本公共服务国家标准,放开放宽除个别超大城市外的落户限制，保障随迁子女义务教育。2012—2021年，我国年均新增城镇就业超过1300万人，城乡居民人均可支配收入比从2.88∶1下降到2.5∶1，城乡居民在公共服务和生活水平上的差距日益缩小，不断向共同富裕目标迈进。

推进物质文明和精神文明相协调的必然选择。我国现代化强调物质文明建设和精神文明建设都搞好、国家物质力量和精神力量都增强、全国各族人民群众物质生活和精神生活都改善。城市是文化的载体，文化是城市的灵魂。一个城市的历史遗迹、文化古迹、人文底蕴，是城市生命的一部分。新型城镇化注重文化传承，强调根据不同地区的自然历史文化禀赋，体现区域差异性，提倡形态多样性，防止千城一面，发展有历史记忆、文化脉络、地域风貌、民族特点的美丽城镇，形成符合实际、各具特色的城镇化发展模式。党的十八大以来，我们党坚持传承历史文化，妥善处理好保护和发展的关系，注重延续城市历史文脉，像爱惜自己的生命一样保护好城市历史文化遗产，尊重和善待城市中的老建筑，把老城区改造提升同保护历史遗迹、保存历史文脉统一起来，既改善人居环境，又保护历史文化底蕴，让历史文化和现代生活融为一体，让人们记得住历史、记得住乡愁，坚定文化自信，增强家国情怀。

推进人与自然和谐共生的必然选择。我国现代化是人与自然和谐共生的现代化，注重同步推进物质文明建设和生态文明建设。城市是现代化的重要载体，也是人口最密集、污染排放最集中的地方，城市建设必须处理好生产生活和生态环保的关系。新型城镇化不仅考虑规模经济效益，而且把生态文明理念全面融入城镇化进程，统筹城市布局的经济需要、生活需要、生态需要、安全需要。党的十八大以来，我们党着力推进绿色发展、循环发展、低碳发展，节约集约利用土地、水、能源等资源，强化环境保护和生态修复，减少对自然的干扰和损害，推动形成绿色低碳的生产生活方式和城市建设运营模式；发挥各地区比较优势，增强中心城市和城市群等经济发展优势区域的经济和人口承载能力，促进各类要素合理流动和高效集聚。10年来，绿色城市、韧性城市、低碳城市建设有效减少了能源资源消耗，降低了碳排放强度，大大增加了良好生态环境这个最普惠的民生福祉；"两横三纵"的城镇化战略格局基本形成，京津冀、长三角、珠三角等19个城市群承载着我国70%以上的人口、贡献超80%的GDP，成为高质量发展的重要动力源。

推进走和平发展道路的必然选择。与一些老牌资本主义国家走暴力掠夺殖民地的道路不同，我国现代化坚持走和平发展道路。当前，百年变局和世纪疫情叠加，世界进入新的动荡变革期。我们要坚持把国家和民族发展放在自己力量的基点上，把扩大内需作为保持经济平稳较快发展的基本立足点，牢牢掌握发展主动权。扩大内需的最大潜力在于城镇化。当前，我国常住人口城镇化率低于发达国家平均水平，户籍人口城镇化率与常住人口城镇化率相比还有明显差距，城镇化动力仍然强劲，还有较大发展空间，蕴含巨大内需潜力和强大发展动能。一方面，通过城镇化带动几亿农民迈向现代化，将推动城镇消费群体不断扩大、消费结构不断升级、消费潜力不断释放，也会带来城镇基础设施、公共服务设施和住宅建设等巨大投资需求，形成日益强大的国内市场优势。另一方面，随着中国经济深度融入世界经济,中心城市、都市圈和城市群成为参与国际分工合作、吸引全球高端要素集聚的重要平台,在加快构建新发展格局中发挥着重要作用。推进新型城镇化不仅有利于我国以国内大循环吸引全球资源要素,在全球产业链价值链中发挥日益重要的功能,也有助于我国继续维护世界和平稳定、促进全球发展繁荣。

当今中国,城镇化与工业化、信息化、农业现代化同步发展、相互促进、相辅相成。工业化处于主导地位,是发展的动力;农业现代化是重要基础,是发展的根基;信息化具有后发优势,为发展注入新的活力;城镇化是载体和平台,拓展工业化和信息化发展空间,带动农业现代化加快发展,发挥着不可替代的重要作用。我们要继续深入推进以人为核心的新型城镇化,稳步提升城镇化质量,为全面建设社会主义现代化国家提供坚实有力的支撑。

《人民日报》(2022年10月10日17版)

# 推动大中小城市协同发展

文丰安

习近平总书记指出:"总的来看,我国经济发展的空间结构正在发生深刻变化,中心城市和城市群正在成为承载发展要素的主要空间形式。"城市群能够放大区域内大城市的辐射能力,促进大城市与周边中小城市分工协作、功能互补、协同发展,是城市空间发展的高级组织形式,也是提升要素聚集能力和经济发展水平的重要载体。

城市群发展有其自身规律。一般来说,人口和资源流动是城市之间互动的主要形式。在以区域大城市和周边中小城市互动为主要形态的城市群发展过程中,人口和资源从相对落后的中小城市流向相对发达的大城市的现象被称为"虹吸效应",反向则被称为"辐射效应"。在城市群发展初期"虹吸效应"强于"辐射效应",后期"辐射效应"则强于"虹吸效应"。

改革开放以来,大量人口和资源进入大城市,我国城市规模和能级迅速扩张，出现了一批超大城市、特大城市。在这一进程中，一方面，中小城市的人口和产业加速向大城市聚集；另一方面，在大城市的"辐射效应"下，周边中小城市也得到快速发展，初步形成了以大城市为中心、中小城市为骨干、小城镇为基础的城镇体系结构，城市发展格局转向城市群发展。

当前，我国城市群建设进入高质量发展阶段。推动大中小城市协同发展，有利于形成以城市群为主体形态的多中心、多层级、组团式区域增长动力源，推动城市群高质量发展。立足大中小城市的特点，更加注重发挥大城市对中小城市的辐射带动作用，促进大中小城市协同发展，可从以下几方面着力。

完善大中小城市协同发展体制机制。在城市群层面建立会商制度、市长联席会议制度等，加强大中小城市之间的沟通协调。科学确定城市规模和开发强度，合理控制人口密度，优化超大城市人口空间格局，释放周边中小城市增长潜能。加强财税、金融、土地、产业等政策的协调配套，为大城市各类资源要素流向中小城市提供政策支持和制度保障，形成大中小城市协同发展的城市群治理机制。

推动大中小城市产业协同发展。大城市要有序疏解一般性制造业、区域性物流基地、专业市场等功能和设施，增强全球资源配置、科技创新策源、高端产业引领功能，发展现代服务业和先进制造业，提高综合能级与国际竞争力。中小城市可依托资源禀赋和区位条件，增强要素集聚能力，承接符合自身功能定位、发展方向的大城市产业转移和功能疏解，因地制宜选择培育适合自身发展方向的特色优势产业，形成与大城市具有合理地缘经济关系的城市产业分工体系，实现大城市与中小城市的产业互补发展。

强化大中小城市交通高效联通。以高铁、市域高速公路等为骨干，打通各类"断头路""瓶颈路"，推进轨道交通"四网融合"发展，提高中小城市与大城市交通基础设施的贯通性，促进人流、物流、能源流、信息流顺畅流动与高效集聚。以交通高效联通推动产业、人口在大中小城市合理梯度分配，将大中小城市的发展更加紧密地联系在一起，特别是要扩展大城市的辐射范围，带动周边中小城市发展。

促进大中小城市基本公共服务均衡发展。加强中小城市市政基础设施和公共服务设施建设，持续优化中小城市基本公共服务供给，特别是要增加体育和文化资源供给，加强民生保障和救助扶助，积极拓展绿化空间，营造现代时尚的消费场景，着力提升中小城市的城市功能和生活品质。引导大城市教育、医疗等优质公共资源向中小城市延伸，激发中小城市发展活力，促进大中小城市基本公共服务均衡发展。

《人民日报》（2022年08月30日11版）

# 努力推动海洋强国建设取得新进展

王 宏

建设海洋强国是中国特色社会主义事业的重要组成部分，关系社会主义现代化强国建设和中华民族伟大复兴的历史进程。习近平总书记强调，建设海洋强国是实现中华民族伟大复兴的重大战略任务。我们始终以习近平生态文明思想特别是习近平总书记关于建设海洋强国的系列重要论述精神为根本指引，扎实推动海洋强国建设工作，坚持陆海统筹，持续围绕关心海洋、认识海洋、经略海洋，不断强化海洋保护、海洋利用、海洋治理，以务实行动把党中央、国务院决策部署落实到位，推动海洋强国建设不断取得新进展。

## 第五编 促进区域协调发展

# 深入学习领会习近平总书记 关于建设海洋强国的重要论述

党的十八大以来，习近平总书记统揽国内国际两个大局，把握时代发展大势，围绕建设海洋强国作出了一系列重要论述，为我们在新时代发展海洋事业、建设海洋强国指明了方向。

深刻认识建设海洋强国的战略意义。建设海洋强国是以习近平同志为核心的党中央着眼时代要求和国家长远发展作出的战略决策。习近平总书记指出，海洋在国家经济发展格局和对外开放中的作用更加重要，在维护国家主权、安全、发展利益中的地位更加突出，在国家生态文明建设中的角色更加显著，在国际政治、经济、军事、科技竞争中的战略地位也明显上升。实施建设海洋强国这一重大战略部署，对推动经济持续健康发展，对维护国家主权、安全、发展利益，对实现中华民族伟大复兴具有重大而深远的意义。我们应当牢记"国之大者"，在保障国家总体安全、促进经济社会发展、推动生态文明建设、参与全球治理的进程中系统谋划并持续推进海洋强国建设工作。

坚定遵循建设海洋强国的根本路径。习近平总书记强调，坚持走依海富国、以海强国、人海和谐、合作共赢的发展道路，通过和平、发展、合作、共赢方式，扎实推进海洋强国建设。2019年4月，习近平总书记提出构建海洋命运共同体的重要倡议。这清晰回应了世界对我国如何建设海洋强国的关切，给出了共护海洋和平、共筑海洋秩序、共促海洋繁荣的中国方案，为我们完整准确全面贯彻新发展理念，把我国建设成为海洋经济发达、科技先进、生态健康、管控有力、合作广泛，拥有强大综合实力的海洋强国提供了根本遵循。

持续深耕建设海洋强国的关键领域。习近平总书记指出，要提高海洋资源开发能力，着力推动海洋经济向质量效益型转变；保护海洋生态环境，着力推动海洋开发方式向循环利用型转变；发展海洋科学技术，着力推动海洋科技向创新引领型转变；维护国家海洋权益，着力推动海洋维权向统筹兼顾型转变。这为我们系统确立了建设海洋强国的主攻方向，我们应当持续加强海洋产业规划和指导，科学开发利用海洋资源，维护海洋生态系统健康，推进海洋经济高质量发展；切实做好海洋科技创新的顶层设计和总体规划，着力突破海洋核心装备和关键技术瓶颈；以维护国家主权、安全、发展利益为目标，深度参与全球海洋治理，坚决维护国家海洋权益。

## 准确把握新时代建设海洋强国的总体要求

经过多年发展，我国海洋事业总体上进入了历史上最好的发展时期。同时，我们对标习近平总书记的重要论述，对照党中央、国务院关于建设海洋强国的目标要求，对比发达海洋国家的实力水平，加快建设海洋强国依然任重道远。

坚持陆海统筹，强化系统观念。坚持陆海统筹是党中央推动建设海洋强国的重要指导思想，是实现陆海一体化发展的根本途径。这就要求我们在准确认知陆海自然地理、自然环境、生态系统之间既相互影响又高度关联的基础上，深化自然资源管理改革和机制创新，综合考虑陆海管理行为、管理能力的匹配与衔接。立足国家重大安全发展战略，把握陆海的主要功能定位，优化重大基础设施、重大生产力和公共资源布局；立足陆海生态系统的完整性和连通性，统筹考虑海洋污染防治及生态保护修复活动；立足沿海地区经济社会发展状况以及高水平开放、陆海互济的发展特征，统筹考虑相关开发利用行为的空间需求及摆布秩序，合理安排各类保护开发活动。

落实生态优先，注重严格保护。健康的海洋是建设海洋强国的根本要求。海洋开发与保护之间的关系是影响我国海洋可持续发展的关键性问题，我国沿海地区人口密集、产业集聚、资源需求多、环境压力大，海域污染、海洋生物多样性降低、海洋生态系统衰退等生态环境问题，严重制约了沿海经济社会发展。我们应当牢固树立尊重自然、顺应自然、保护自然理念，妥善处理好发展和安全、保护和开发的关系，遵循陆海自然生态规律，推进实施基于生态系统的海洋综合管理，在守牢生态安全边界的前提下，高效有序利用海洋资源，实现"发展中保护、保护中发展"。

强化科技创新，突破关键环节。海洋科技创新是建设海洋强国的根本动力，是贯穿全局、起决定作用的关键因素，加快海洋开发进程，振兴海洋经济，关键在科技。但与发达海洋国家相比，我国海洋科技的原创性和高附加值创新成果较少，核心技术与关键共性技术"卡脖子"问题还比较突出。这就要求我们准确把握全球海洋科技发展趋势，瞄准实现海洋技术高水平自立自强，坚持有所为有所不为，重点在深水、绿色、安全等海洋高技术领域取得突破。尤其要推进海洋经济转型过程中急需的核心技术和关键共性技术的研究开发。

坚持以人民为中心，突出改善民生。满足社会公众对海洋资源环境的多层次多样化需求，是衡量海洋强国建设水平的重要标准。进入新时代，人民群众在生命财产安全、物质资源供给和生态环境等方面的基本民生诉求不断提高，对海洋所承载的美好生活的向往更加广泛、更为多元，优质海产品、特色亲海空间等个性化、高品质民生需求明显上升。我们应当牢固树立以人民为中心的发展思想，通过科学开发利用海洋资源，有效保障国家能源、食物、水资源等安全，保障公众享受碧海蓝天、洁净沙滩的亲海权利，保证优质海产品持续稳定供给，不断满足人民日益增长的美好生活需要，持续增强人民群众对海洋强国建设的获得感。

秉持开放合作，构建海洋命运共同体。海洋命运共同体是人类命运共同体理念的丰富和发展，是人类命运共同体理念在海洋领域的具体实践。当今世界正经历百年未有之大变局，全球海洋治理关键领域国际规则正在酝酿，国家管辖范围外海域生物多样性（BBNJ）养护和可持续利用、深海采矿、北极航行等新规则呼之欲出，蓝色经济、蓝色碳汇、海洋限塑、渔业限捕和公海保护区、南极管理区等治理进程加速推进，我们迎来新型国际海洋秩序构建的重要窗口期。同时，周边海洋形势复杂，域外国家进一步加大台海、南海介入力度，海上爆发"灰犀牛""黑天鹅"事件的风险持续存在。我们应当坚持共商、共建、共享原则，深度参与全球海洋治理，以提升制度性权力为目标,以塑造周边海洋秩序为着力点,把能做的事情、已经形成广泛共识的事情先做起来。促进海上互联互通和各领域务实合作,推动蓝色经济发展,推动海洋文化交融,共同增进海洋福祉。

## 扎实做好新形势下海洋强国建设的重点任务

建设海洋强国寄托着中华民族向海图强的时代夙愿,肩负着实现中华民族伟大复兴中国梦的重要使命。我们要以习近平新时代中国特色社会主义思想为指导,坚决贯彻落实党中央、国务院决策部署,坚持稳中求进工作总基调,完整准确全面贯彻新发展理念,聚焦重点领域和关键环节,抓细抓实抓好各项重点任务。

推动海洋经济高质量发展。加强海洋经济规划和指导,推动海洋经济深度融入国家区域重大战略,建设一批高质量海洋经济发展示范区、特色化海洋产业集群和现代海洋城市,全面提高北部、东部、南部三大海洋经济圈发展水平。推动海洋新兴产业蓬勃发展,促进海水淡化和海洋能规模化利用,加快海洋药物与生物制品产业化进程。推动海洋传统产业绿色低碳转型,发展深水远岸养殖和可持续远洋渔业,储近用远、安全利用海洋油气,推进港口绿色化、智能化、安全化升级改造。加快现代海洋服务业协同发展,提升现代海事商事等服务业专业化水平,促进海洋文化和旅游业品质升级,支持海洋领域数字经济融合发展。统筹运用金融工具支持海洋经济绿色低碳发展。

推进海洋生态文明建设。推动《中华人民共和国海洋环境保护法》《中华人民共和国海域使用管理法》《中华人民共和国海岛保护法》及相关配套制度的制修订。开展全国海洋资源调查并形成定期调查制度，查清我国海洋自然资源和生态环境家底。制定实施海岸带综合保护与利用规划，优化海岸带生态、生产、生活空间布局。严守海洋生态保护红线，建立海洋自然保护地体系，构建海洋生态廊道和生物多样性保护网络。坚持安全优先、生态优先、兼顾景观，实施海岸带保护修复重大工程，稳固提升海洋生态系统碳汇能力，创新海洋生态产品价值实现机制。全面提高海洋资源利用效率，针对不同用海类型、特定用海方式、特殊空间要素等完善管控规则，实施行业用海精细化管理，健全海洋生态预警监测体系，构建立体化、全覆盖的海洋监管网络。

加快实现海洋科技自立自强。强化海洋领域国家科技力量，优化重大创新平台布局，加强海洋领域国家重点实验室、国家技术创新中心和国家野外科学观测研究站等建设，支持国家海洋综合试验场建设及高效运行。加强海洋基础性、前沿性和战略性技术储备，在海洋动力过程、陆海相互作用、海洋生态系统变化规律等方向实现原创性突破。集中力量开展海洋生态修复、深海极地生境保护等关键技术攻关，实施一批海洋科技重大项目和工程。强化平安海岸带建设的技术支撑，实施海洋预报"芯片"工程，提高海洋灾害预警报的自主化、智能化、精细化水平，科学评估并有效防范各类海洋灾害，做好应对海平面上升等中长期灾害的战略预置。强化海洋科技成果转化市场化服务，扶持培育涉海中介服务机构和专业化技术交易平台，推动建立海洋产业创新联盟。

深度参与并支持全球海洋治理。围绕构建蓝色伙伴关系，与沿海国家开展全方位、多领域、深层次的双边多边合作。持续落实《"一带一路"建设海上合作设想》，积极完善同21世纪海上丝绸之路沿线国家的对话合作机制。丰富国际海洋公共服务产品，发起海洋公共服务共建共享计划。参与联合国"海洋科学促进可持续发展十年（2021—2030）"计划。在南海深化海洋环境监测、海洋科学研究、海上搜救等领域务实合作，构建中国—东盟蓝色经济伙伴关系。实施蛟龙探海二期、雪龙探极二期工程，加快深海系列装备、极地立体观监测平台和重型破冰船等研制。加强深海战略性资源和生物多样性调查评价，建设国家深海大数据中心、国家深海基因库、国家深海标本样品馆等公共平台。持续做好南极科学考察和保护，建设"冰上丝绸之路"，参与北极务实合作，强化极地事务统筹协调和综合保障能力。加强形势研判、风险防范，坚决维护国家海洋权益。

《学习时报》（2022年06月03日01版）

# 推进基本公共服务均等化

王列军

共同富裕是社会主义的本质要求，是中国式现代化的重要特征。经过长期努力，我国在推动区域协调发展上持续发力，采取有力措施保障和改善民生，打赢脱贫攻坚战，全面建成小康社会，为促进共同富裕创造了良好条件。现在，已经到了扎实推动共同富裕的历史阶段。在新时代新征程扎实推动共同富裕，需将推动基本公共服务均等化作为着力点。

提供基本公共服务主要是政府责任，也由政府直接实施。基本公共服务均等化更容易在近期或者中期推动，并在相对较短的时间内取得成效。与此同时，基本公共服务领域的相关制度具有普惠性，不仅有利于保障民生，改善人们的生活品质，也有利于增强人的发展能力。因此，基本公共服务均等化既能改善人们当前的生活质量，也有利于为未来缩小城乡居民收入差距奠定基础，兼具短期效应和长期效应,是推动共同富裕的重要抓手。

从总体上看,现阶段推进基本公共服务均等化面临三方面挑战。一是供给存在明显短板,特别是在老龄化快速发展、家庭功能弱化的背景下,"一老一小"等方面的公共服务供给明显不足;二是基本公共服务的城乡、区域差距仍然较大,我国城乡、区域间公共服务资源配置不均衡、服务水平差异较大等问题还比较突出;三是人口老龄化问题不断深化,新型城镇化持续推进,这些都对基本公共服务的供给结构、资源布局、服务成本等带来较大挑战。

当前,我国已经逐步建立起了较为完整的基本公共服务制度体系,政府对基本公共服务的投入持续加大,大多数基本公共服务实现了普遍覆盖。面向未来,还需进一步清晰推进基本公共服务均等化的现实路径。

第一,优先推进基本公共服务的普遍覆盖。基本公共服务均等不均等,首要的不是在水平和质量这个层面上考量,而是要看是否覆盖了所有应该覆盖的人群。

第二,要通过制度整合来促进基本公共服务均等化。党的十八大以来,我国在这方面已经做了很多努力,整合城乡居民基本医疗保险制度、基本养老保险制度,统一城乡义务教育经费保障机制,等等。下一步,需在这个方向上接续发力。

第三,继续加大中央对地方的转移支付,提高中央和省级政府在基本公共服务中的支出比重,控制和缩小各地基本公共服务人均经费差距。还应根据不同公共服务的特点,建立形成明确、稳定的政府间基本公共服务成本分担机制。

**如何** 推动高质量发展

第四，需积极发挥新技术在促进农村、偏远地区基本公共服务均等化中的作用。即使在基本公共服务制度比较完善的发达国家，农村、偏远地区的基本公共服务供给仍然是一个难题，其中，如何提升人力资本是需要关注的重点问题。我国应充分利用新技术推动服务模式创新，扩展优质公共服务资源的辐射范围。加快远程教育、远程医疗等远程服务基础设施建设，把城市优质公共服务资源延伸到农村和偏远地区。政府应对远程提供的基本公共服务给予支持，同时，可以充分利用信息技术加强对农村及偏远地区教师、医生等公共服务人力资源的在线培训培养，进一步夯实农村、偏远地区的人力资源基础。

《经济日报》（2022年03月30日10版）

>> 拓展阅读

# 以新型工业化推动西部高质量发展

## 汪 彬

走中国特色新型工业化道路，推进工业高质量发展，是全面建设社会主义现代化国家的必然要求。西部地区要立足自身资源优势，抢抓数字经济发展机遇，推动制造业转型升级，以新型工业化推动实现高质量发展。

工业化是一个国家经济发展的必由之路，与现代化有着密不可分的关系。党的二十大报告明确提出了高质量发展是全面建设社会主义现代化国家的首要任务。没有坚实的物质技术基础，就不可能全面建成社会主义现代化强国。走中国特色新型工业化道路，推进工业高质量发展，是全面建设社会主义现代化国家的必然要求。新时代新征程，西部地区要实现高质量发展，就要立足自身资源优势，推进新型工业化，以建设现代化产业体系为依托，坚持把发展经济的着力点放在实体经济上，提高全要素生产率，在推进社会主义现代化建设中作出应有的贡献。

## 培育高质量发展新动能

推进高质量发展是西部地区的重大战略任务。高质量发展是"十四五"乃至更长时期我国经济社会发展的主题,关系我国社会主义现代化建设全局。同时,高质量发展不只是一个经济要求,而且是对经济社会发展方方面面的总要求;不是只对经济发达地区的要求,而是所有地区发展都必须贯彻的要求。推动西部地区实现高质量发展既符合国家发展的战略目标要求,也是西部地区实现跨越式发展和经济赶超的主动选择。新时代新征程上,西部地区要因地制宜、扬长补短,走出一条适合本地区实际的高质量发展之路,发挥生态资源比较优势,推进绿色低碳、协调发展的新型工业化。

新型工业化是推动西部地区高质量发展的重要途径。工业是国民经济的主体和增长引擎,产业是经济发展的关键所在。围绕建设现代化产业体系,党的二十大报告提出:"坚持把发展经济的着力点放在实体经济上,推进新型工业化,加快建设制造强国、质量强国、航天强国、交通强国、网络强国、数字中国。"高质量发展需要以推进新型工业化为导向,构建现代化产业体系,培育经济发展新动能。

党的十八大以来,西部地区在国家区域重大战略和西部大开发政策体系支持下,加快发展战略性新兴产业、高技术产业及特色优势产业,不断推动改革走深走实,基础设施条件明显改善,公共服务与东部和中部的差距逐步缩小,产业协作及关联配套服务逐步改善,经济增长呈现良好的发展态势,特别是以贵州、云南、四川等为代表的西南省份，经济增速连续多年保持全国前列。其中，贵州经济运行保持良好态势，并在大数据发展方面抢得先机，数字产业异军突起，2021年数字经济占国内生产总值比重达到34%，增速连续六年位居全国第一。这进一步证明，西部地区在新一轮科技革命和产业变革中是具备发展潜力和条件的，关键是要找到一条适合自身特点的产业发展之路。

## 推动新型工业化向纵深发展

新征程上，推动西部地区高质量发展，加快形成西部大开发新格局，对全面建设社会主义现代化国家具有重要现实意义。对此，西部地区要坚持新发展理念，立足自身资源禀赋，抢抓科技革命新机遇，推进新型工业化向纵深发展，构建富有竞争力的现代化产业体系，实现更高质量、更有效率、更加公平、更可持续、更为安全的发展。

一是抢抓数字经济发展机遇，培育新业态新模式新产业。当前，数字经济已经渗透到各领域各行业，成为驱动我国经济增长的主要引擎之一。截至2021年，我国数字经济规模占国内生产总值比重达到39.8%，位居世界第二。在发展数字经济方面，西部地区具有生态资源丰富、能源电力富集等天然优势，可以将资源优势转变为产业优势，抢抓"东数西算"国家重大战略机遇，适度超前布局"新基建"，夯实数字经济基础设施。还要充分发挥市场在资源配置中的决定性作用，更好发挥政府作用，激活市场主体活力，加快高科技头部企业在西部地区落户数据中心，延伸数字产业链条，推进数字产业化和产业数字化，打造具有西部区域特色的数字产业集群。

二是发展绿色低碳循环经济，推动制造业转型升级。西部地区自然生态脆弱、资源环境承载能力较差，工业化发展限制因素较多。西部地区推进新型工业化，要牢固树立"绿水青山就是金山银山"理念，守住发展和生态两条底线，努力走出一条生态优先、绿色发展的新路子。要坚持在开发中保护、在保护中开发，以绿色制造业为先导推进可持续工业化，大力发展绿色、低碳高端装备制造，围绕国家战略性新兴产业布局产业链供应链，提高高技术制造业和服务业比重，实现工业的绿色低碳发展。同时，西部地区要立足独特的能源资源禀赋，开展资源精深加工，向价值链中高端环节攀升，培育打造一批具有国际影响力的产业集群。

三是推动体制机制创新，提升西部地区要素供给质量。从区域层面来看，西部地区工业化水平相对滞后，推动新型工业化仍然是西部地区经济社会发展的重要动力。不同于传统高能耗、高污染粗放式发展的工业化模式，新型工业化内在的要求推进技术进步、结构优化和全要素生产率不断提高，实现协调发展和绿色发展。因此，西部地区推进新型工业化，要努力提升工业特别是制造业的技术、标准、质量、效率、效益和竞争力，形成创新驱动的现代化经济体系，显著增强西部地区经济发展的质量和效益。还要进一步深化改革、扩大开放，坚持"两个毫不动摇"，构建亲清新型政商关系，持续优化营商环境，大力培育"专精特新"企业。此外，推进新型工业化还需要大量高素质、高技能人才队伍支撑，要建立健全有利于吸引、激励和留住人才的体制机制，建立东中西部开放平台对接机制，共建项目孵化、人才培养、市场拓展等服务平台，增强西部地区的吸引力，推动西部地区不断向开放高地、活力高地迈进。

《经济日报》（2023年01月04日10版）

## 促进中部地区加快崛起

阳小华　廖　松

中部地区是全国经济版图的重要组成部分，在国家发展全局中占有重要地位。习近平总书记高度重视中部地区发展，要求"不断增强中部地区综合实力和竞争力，奋力开创中部地区崛起新局面"。党的二十大报告对在新征程上推动中部地区发展作出新的重大部署，提出"促进中部地区加快崛起"。我们要认真贯彻落实党的二十大精神，深入实施区域协调发展战略，推动中部地区高质量发展。

新时代十年，在以习近平同志为核心的党中央坚强领导下、在习近平新时代中国特色社会主义思想科学指引下，中部地区高质量发展取得显著成效：经济总量占全国的比重不断提升；粮食生产基地、能源原材料基地、现代装备制造及高技术产业基地和综合交通运输枢纽地位持续巩固；制造业呈现良好发展态势，先进制造业占比持续提升，一批具有国内领先水平的先进制造业集群加快形成；绿色发展深入推进，生态文明建设不断取得新进展；人民生活水平显著提升；等等。与此同时，中部地区发展仍然存在着较为突出的产业、区域、城乡结构不合理和体制机制问题。促进中部地区加快崛起，必须下大力气解决这些问题，以结构调整推动中部地区高质量发展。

加快产业升级和结构调整，建设现代化产业体系。中部地区产业基础雄厚、产业门类齐全且配套能力较强，但由于大部分产业处于产业链价值链中低端，市场竞争力不强。促进中部地区加快崛起，需要把发展经济的着力点放在实体经济上，加快产业升级和结构调整，积极打造以战略性新兴产业为引领、先进制造业为支撑、现代服务业为主体的现代化产业体系，加快向全球产业链价值链中高端攀升。积极推动数字经济与实体经济融合发展，加快对传统产业进行全方位、全链条数字化改造，提高全要素生产率，助力实体经济高质量发展。

优化区域经济布局，促进区域协调发展。区域经济发展不平衡是发展不平衡的一个突出表现。促进中部地区加快崛起，有利于优化区域经济布局，促进区域协调发展。一方面，充分发挥各区域比较优势，通过加快要素合理流动实现各区域良性互动，形成优势互补、高质量发展的区域经济布局。另一方面，加快推进资源整合，促进区域内产业合理分工协作，形成发展合力。同时，牢牢抓住推动共建"一带一路"高质量发展和区域重大战略实施的机遇，积极做好战略衔接，不断在融入国家发展战略方面有新突破、在区域协调发展方面有新进展。

推动城乡融合发展，破除城乡二元结构。推动城乡融合发展是解决城乡发展不平衡不充分问题、破除城乡二元结构的重要举措。促进中部地区加快崛起，要大力实施乡村振兴战略，加快农村一二三产业融合发展，推动城乡产业深度融合；加强农村公共资源配置和基础设施建设，推动人才、资金和技术等各类资源要素在城乡之间自由流动，夯实乡村振兴基础。加快县域经济发展，不断增强县城综合承载力，提高县城辐射带动乡村的能力。着力增加农民务农收入、务工收入和非农收入等，逐步缩小城乡居民收入差距。

完善体制机制，破除发展瓶颈和市场障碍。中部地区承东启西、连南接北，在推动高质量发展、构建新发展格局中面临新的发展机遇，同时也存在一些亟待破除的体制机制弊端。只有破除这些体制机制弊端，才能促进中部地区加快崛起。要加快融入全国统一大市场建设，通过实施全国统一的市场准入负面清单制度，消除歧视性、隐蔽性区域市场壁垒，打破行政性垄断，破除地方保护主义，促进生产要素自由流动，使市场在资源配置中起决定性作用，更好发挥政府作用，打造市场化、法治化、国际化一流营商环境。同时，加强各地区交流协作，建立常态化合作机制，减少无序竞争，避免资源浪费。

《人民日报》（2022 年 12 月 06 日 09 版）

## 第六编
# 推进高水平对外开放

依托我国超大规模市场优势，以国内大循环吸引全球资源要素，增强国内国际两个市场两种资源联动效应，提升贸易投资合作质量和水平。稳步扩大规则、规制、管理、标准等制度型开放。推动货物贸易优化升级，创新服务贸易发展机制，发展数字贸易，加快建设贸易强国。合理缩减外资准入负面清单，依法保护外商投资权益，营造市场化、法治化、国际化一流营商环境。推动共建"一带一路"高质量发展。优化区域开放布局，巩固东部沿海地区开放先导地位，提高中西部和东北地区开放水平。加快建设西部陆海新通道。加快建设海南自由贸易港，实施自由贸易试验区提升战略，扩大面向全球的高标准自由贸易区网络。有序推进人民币国际化。深度参与全球产业分工和合作，维护多元稳定的国际经济格局和经贸关系。

# 以中国大市场创造发展新机遇

魏 浩

党的二十大报告提出:"中国坚持对外开放的基本国策,坚定奉行互利共赢的开放战略,不断以中国新发展为世界提供新机遇,推动建设开放型世界经济,更好惠及各国人民。"以进一步扩大进口为抓手,推动外贸领域深层次改革、高质量发展,既是推进贸易强国建设的题中应有之义,也是展现负责任大国担当、让发展成果和改革红利惠及全球的重要举措。

对一个国家来说,出口和进口都非常重要,而进口大国往往具有更强的贸易话语权和定价权。党的十八大以来,以习近平同志为核心的党中央坚定不移推动更高水平对外开放,积极主动扩大进口,并通过大幅度放宽市场准入、降低进口关税、增加特色优势产品进口、举办中国国际进口博览会等一系列务实举措,向世界释放中国扩大进口的积极信号。今天的中国,已经连续13年稳居全球第二大进口国，是 210 个国家和地区的出口市场，60 个国家和地区的主要出口市场。超大规模进口，有力促进了各贸易出口国经济发展和国内就业，也有力支持了我国国内生产保供和改善民生，有力提升了我国在世界经济格局中的话语权。

推动更多进口，体现了中国致力于加强全球贸易和投资的承诺，让更多国家和民众都有机会从全球繁荣中受益。第五届进博会取得圆满成功，284 家世界 500 强和行业龙头企业齐聚上海，最不发达国家企业免费摊位数量比上届增加近 1 倍，按一年计意向成交金额 735.2 亿美元，创下历史新高。今天的中国，有 14 亿多人口和 4 亿以上中等收入群体，每年进口商品和服务约 2.5 万亿美元，市场规模巨大。从门类齐全的"世界工厂"到商机无限的"世界市场"，中国积极主动扩大进口，为贸易伙伴更好发挥自身比较优势、创造就业岗位、实现产业结构升级提供了机遇。中国将秉持开放、合作、团结、共赢的信念，坚定不移全面扩大开放，更有效率地实现内外市场联通、要素资源共享，让中国市场成为世界的市场、共享的市场、大家的市场，为全球经济恢复注入更多正能量。

中国主动扩大进口，追求的是平等互利的双赢多赢，有利于推动经济全球化朝着正确方向发展。党的二十大报告提出，"中国坚持经济全球化正确方向，推动贸易和投资自由化便利化，推进双边、区域和多边合作，促进国际宏观经济政策协调，共同营造有利于发展的国际环境，共同培育全球发展新动能"。从过去出口创汇"卖全球"，到今天扩大进口"买全球"，我国主动开放市场扩大进口，带动贸易伙伴共同发展，为全球产业链供应链稳定发挥了重要作用，也为经济全球化注入了强劲动力。实践充分证明,经济全球化是社会生产力发展的客观要求和科技进步的必然结果,其发展趋势不可逆转。中国将继续扩大优质产品进口,推动各国各方共享中国大市场机遇,维护国际自由贸易体系,保障全球产业链供应链安全、稳定、畅通,推动经济全球化更加开放、包容、普惠、平衡、共赢。

开放是人类文明进步的重要动力,是世界繁荣发展的必由之路。中国主动扩大进口,不是权宜之计,而是面向世界、面向未来、促进共同发展的长远考量。新征程上,持续推进高水平对外开放,稳步扩大规则、规制、管理、标准等制度型开放,进一步扩大优质产品进口,不断以中国新发展为世界提供新机遇,我们就一定能为推动建设开放型世界经济、构建人类命运共同体作出新的更大贡献。

《人民日报》(2022年12月20日05版)

# 坚定不移推进高水平对外开放

权 衡

开放是当代中国的鲜明标识。习近平总书记指出:"不论世界发生什么样的变化,中国改革开放的信心和意志都不会动摇。"党的十八大以来,在以习近平同志为核心的党中央坚强领导下,我国顺应经济全球化大势,坚定不移推进高水平对外开放,积极融入世界经济,对外开放取得了一系列突破性进展和标志性成果。

从提出构建人类命运共同体理念到高质量共建"一带一路",从亚太经合组织(APEC)北京会议到二十国集团(G20)杭州峰会,从发起创立亚洲基础设施投资银行到举办中国国际进口博览会……我国对外开放的广度和深度得到全面拓展,正在形成全方位、多层次、宽领域的对外开放新格局。外贸高质量发展迈出新步伐,商品出口占国际市场的份额由11%上升到15%,货物贸易第一大国地位进一步巩固。双向投资稳居世界前列,2017年以来吸引外资连续4年位居世界第二，对外投资流量稳居全球前三位。制度型开放加快推进，全面实行外商投资准入前国民待遇加负面清单管理制度，连续5年缩减外商投资准入负面清单，全国和自由贸易试验区外资准入负面清单分别缩减至31条、27条。打造对外开放新高地、试验田，部署建设了21个自由贸易试验区和海南自由贸易港。积极构建高标准自由贸易区网络，对外签署自由贸易协定数量由10个增加到19个；《区域全面经济伙伴关系协定》（RCEP）正式生效实施，全球最大自由贸易区正式启航。积极参与全球经济治理，共建"一带一路"从"大写意"到"工笔画"，影响力不断扩大，成为当今世界深受欢迎的国际公共产品和国际合作平台；积极参与世界贸易组织改革，坚定维护多边贸易体制。

对外开放取得的突破性进展和标志性成果充分表明：中国开放的大门只会越开越大，永远不会关上；中国利用外资的政策不会变，对外商投资企业合法权益的保护不会变，为各国企业在华投资兴业提供更好服务的方向不会变；中国构建更高水平开放型经济新体制的方向不会变，促进贸易和投资自由化便利化的决心不会变。对外开放取得的突破性进展和标志性成果也深化了我们对开放发展的规律性认识：开放带来进步，封闭必然落后；开放发展注重的是解决发展内外联动问题；我国发展要赢得优势、赢得主动、赢得未来，必须顺应经济全球化，依托我国超大规模市场优势，实行更加积极主动的开放战略；顺应世界潮流不断扩大对外开放，不但能发展壮大自己，还能引领世界发展潮流。

当前，我国正在加快构建以国内大循环为主体、国内国际双循环相互促进的新发展格局。这是适应我国发展新阶段要求、塑造国际合作和竞争新优势的必然选择。从国际看，百年变局和世纪疫情叠加影响，国际形势中不稳定、不确定、不安全因素日益突出。从国内看，2008年国际金融危机发生以来，国内消费成为我国经济增长的主要动力。未来一个时期，国内市场主导国民经济循环特征会更加明显。在这一背景下，我国提出构建新发展格局，充分发挥国内超大规模市场优势，着力畅通国内大循环，大力繁荣国内经济，不但能为我国经济发展增添动力，也将形成对全球要素资源的强大吸引力、在激烈国际竞争中的强大竞争力、在全球资源配置中的强大推动力，同世界各国实现更高水平的互利共赢。

新发展格局决不是封闭的国内循环，而是开放的国内国际双循环，不仅是中国自身发展需要，而且将更好造福各国人民。习近平总书记指出："我们不追求一枝独秀，不搞你输我赢，也不会关起门来封闭运行，将逐步形成以国内大循环为主体、国内国际双循环相互促进的新发展格局，为中国经济发展开辟空间，为世界经济复苏和增长增添动力"。加快构建新发展格局，我国在世界经济中的地位将持续上升，同世界经济的联系会更加紧密，为其他国家提供的市场机会将更加广阔，成为吸引国际商品和要素资源的巨大引力场。

中国的发展离不开世界，世界的繁荣也需要中国。把握国内外大势，统筹两个大局，奉行互利共赢的开放战略，以更加积极有为的行动推进高水平对外开放，发展更高层次的开放型经济，我们就能以对外开放的主动赢得经济发展的主动、赢得国际竞争的主动，打造发展新优势，并为世界经济稳定增长与和平发展贡献更多中国智慧、中国方案、中国力量。

《人民日报》（2022年06月10日09版）

# 发挥贸易投资促进的助推器作用

曲 闻

在庆祝中国国际贸易促进委员会建会 70 周年大会暨全球贸易投资促进峰会上，习近平主席强调重振贸易投资，"要推动世界经济动力转换、方式转变、结构调整，使世界经济走上长期健康稳定发展轨道。"当前，百年变局和世纪疫情交织，经济全球化遭遇逆流，世界进入新的动荡变革期，中国经济面临新的下行压力，需要更好发挥贸易投资促进在经济复苏中独特而重要的推动作用。

贸易投资促进有助于拉紧中外企业利益纽带。服务企业是贸易投资促进机构的立身之本。贸易投资促进工作的着力点始终放在帮助中外企业解决难点堵点问题、形成双赢共赢局面上。一是衔接内外，作为开放窗口和桥梁纽带，同各界建立广泛联系，为中外经贸合作牵线搭桥。二是连接政企，畅通政企对话交流渠道，了解企业普遍关切，加强重点项目服务。三是对接供需，建设信息发布平台引导外资企业精准对接国内市场需求,在品牌展会、贸易仲裁等方面提供专业服务。新冠肺炎疫情发生以来,中国贸促会为企业出具不可抗力事实性证明8000多份,帮助企业有效推动国际合同履约和纠纷解决。面对企业个性化需求和多元化诉求,未来还要进一步织密"服务企业网",全方面维护中外企业合理合法利益。

贸易投资促进有助于推动国际经贸往来。国际经贸往来是推动经济增长和促进发展进步的重要引擎。近年来,中国成为全球第一贸易大国、利用外资和对外投资稳居世界前列,贸易投资促进工作坚持推进高水平对外开放,为促进国际经贸畅通发挥了重要作用。围绕稳外贸稳外资,中国贸促会搭建线上线下经贸合作平台,在多双边场合呼吁畅通国际物流,推进外贸新业态新模式发展,为外贸的逆势增长做出了积极贡献。越是面临压力,越需要大力促进贸易和投资。对内要推动规则、规制、管理、标准等制度型开放,增强贸易体制的稳定性。对外要践行真正的多边主义,协调各国宏观政策,支持以世界贸易组织为核心的多边贸易体制,维护全球产业链供应链安全顺畅运转。

贸易投资促进有助于促进国家关系发展。贸易和投资都必须在和平稳定的环境下进行。近年来中国贸促会组织中国工商界积极参与国际经贸规则的制定,提出中国方案,发出中国声音,不断推动提升中国在全球经济治理中的制度性作用。同时还注重推动经贸合作和文化交流融合发展。2021年举办的金砖国家女性创新大赛,促进了中外人民相互了解、加深友谊,被习近平主席称赞"为疫情下的金砖合作增添了一抹亮彩"。贸易投资促进工作需要进一步汇聚国际工商界合作共识，推动经济全球化朝着更加开放、包容、普惠、平衡、共赢的方向发展。此外，还要用好国际会议、论坛、互访等平台和渠道，做好国际传播和文化交流，用情用力讲好中国故事。

中国开放的大门只会越开越大。贸易投资促进工作始终与时代同行、与开放共进、与企业同心，致力于为全球工商界提供更多市场机遇、投资机遇、增长机遇，助力将中国打造成世界的大市场、外商投资的热土，在推动高质量发展、构建新发展格局、推动建设开放型世界经济中贡献应有力量。

《人民日报》（2022年06月01日05版）

# 推动共建"一带一路"高质量发展

张文才

习近平总书记强调，完整、准确、全面贯彻新发展理念，以高标准、可持续、惠民生为目标，巩固互联互通合作基础，拓展国际合作新空间，扎牢风险防控网络，努力实现更高合作水平、更高投入效益、更高供给质量、更高发展韧性，推动共建"一带一路"高质量发展不断取得新成效。习近平总书记2013年提出共建"丝绸之路经济带"和"21世纪海上丝绸之路"的重大倡议以来，我国坚持共商共建共享，推动共建"一带一路"高质量发展，推进一大批关系沿线国家经济发展、民生改善的合作项目，建设和平之路、繁荣之路、开放之路、绿色之路、创新之路、文明之路、廉洁之路，使共建"一带一路"成为当今世界深受欢迎的国际公共产品和国际合作平台。

在党中央坚强领导下，我们统筹谋划推动高质量发展、构建新发展格局和共建"一带一路",坚持共商共建共享原则,把基础设施"硬联通"作为重要方向,把规则标准"软联通"作为重要支撑,把同共建国家人民"心联通"作为重要基础,推动共建"一带一路"高质量发展,取得实打实、沉甸甸的成就。截至2022年3月,中国已与149个国家和32个国际组织签署了200多份共建"一带一路"合作文件,"一带一路"大家庭成员达到181个。通过共建"一带一路",提高了国内各区域开放水平,拓展了对外开放领域,推动了制度型开放,构建了广泛的朋友圈,探索了促进共同发展的新路子,实现了同共建国家互利共赢。积极参与多双边合作,在多双边合作机制和国际金融组织中话语权和影响力不断提升,为推动世界经济的复苏与增长、全球金融的稳定与安全、全球治理体系改革与完善作出了积极的重要贡献,成为世界和平的建设者、全球发展的贡献者、国际秩序的维护者。

中国在推进"一带一路"倡议和参与全球治理的过程中,也面临很多挑战,如冷战思维与地缘政治,对外投资风险加大,民粹主义及其滋生的保护主义抬头,制度规则面临重构的挑战,全球面临的治理赤字、信任赤字、和平赤字和发展赤字形势更为严峻等。要正确认识和把握共建"一带一路"面临的新形势。总体上看,和平与发展的时代主题没有改变,经济全球化大方向没有变,国际格局发展战略态势对我国有利,共建"一带一路"仍面临重要机遇。同时,世界百年未有之大变局正加速演变,新一轮科技革命和产业变革带来的激烈竞争前所未有,气候变化、疫情防控等全球性问题对人类社会带来的影响前所未有,共建"一带一路"国际环境日趋复杂。

我们要保持战略定力，抓住战略机遇，统筹发展和安全、统筹国内和国际、统筹合作和斗争、统筹存量和增量、统筹整体和重点，积极应对挑战，趋利避害，奋勇前进。

深入学习贯彻习近平总书记关于共建"一带一路"的系列重要论述精神。推动建设新型国际关系，推动构建人类命运共同体，推动落实全球发展倡议。坚持正确历史观、大局观、角色观，弘扬和平、发展、公平、正义、民主、自由的全人类共同价值。坚定"四个自信"，提升国际传播能力，讲好中国故事、中国理念、中国方案。

坚持党的集中统一领导。坚决拥护"两个确立"，做到"两个维护"，坚持把党的领导贯穿共建"一带一路"工作始终。坚守初心使命，统筹两个大局，用好两个市场两种资源，维护国家主权、安全、发展利益，在谋求自身发展的同时，扩大高水平对外开放，与共建国家开展互利共赢合作。积极扩大进口，增加对外投资和对外援助，与共建国家分享中国发展机遇。

坚持共商共建共享的全球治理观。倡导国际关系民主化，坚持国家不分大小、强弱、贫富一律平等。坚持真正的多边主义，坚定维护以联合国为核心的国际体系和以国际法为基础的国际秩序，推进全球治理规则民主化、法治化。积极参与国际标准、规则、制度的制定和国际宏观经济政策协调，推动变革全球治理体制中不公正不合理的安排，进一步推动提升新兴市场国家和发展中国家在国际组织中的代表性和发言权，推动经济全球化朝着更加开放、包容、普惠、平衡、共赢方向发展。

稳步拓展合作新领域。稳妥开展健康、绿色、数字、创新等新领域合作，培育合作新增长点。加强抗疫国际合作，继续向共建国家提供力所能及的帮助。支持发展中国家能源绿色低碳发展，推进绿色低碳发展信息共享和能力建设，深化生态环境和气候治理合作。深化数字领域合作，发展"丝路电商"，构建数字合作格局。实施好科技创新行动计划，加强知识产权保护国际合作，打造开放、公平、公正、非歧视的科技发展环境。

把高质量发展摆在突出位置。坚持高质量、可持续、惠民生，持续推进硬联通、软联通、心联通。高标准实施项目，重视项目环境与社会评价以及债务可持续性分析，有序开展对外投资合作，有效防范海外投资风险。实施绿色投资原则，深入推进绿色"一带一路"。推动更多接地气、聚人心的民生工程建设，推动交通走廊变成贸易走廊、经济走廊。动员多边开发机构、相关国家金融机构共同参与项目融资，开展三方和多方合作。推动亚洲基础设施投资银行和新开发银行等新兴国际机构在创新可持续发展合作中发挥重要作用。在贸易和投资合作中，推动更多使用人民币进行结算、支付和投资。

更好服务构建新发展格局。统筹考虑和谋划构建新发展格局和共建"一带一路"，聚焦新发力点，塑造新结合点。加快完善各具特色、互为补充、畅通安全的陆上通道，优化海上布局，为畅通国内国际双循环提供有力支撑。加强产业链供应链畅通衔接，推动来源多元化。优质打造标志性工程，包括能够快速提升共建国家民众获得感的民生工程。

全面强化风险防控。落实风险防控制度,压紧压实企业主体责任和主管部门管理责任。探索建立境外项目风险的全天候预警评估综合服务平台,及时预警、定期评估。加强海外利益保护、国际反恐、安全保障等机制的协同协作。统筹推进疫情防控和共建"一带一路"合作,全力保障境外人员生命安全和身心健康,突出防控措施的精准性,着力保障用工需求、人员倒班回国、物资供应、资金支持等。教育引导我国在海外的企业和公民自觉遵守当地法律,尊重当地风俗习惯。加快形成系统完备的反腐败涉外法律法规体系,加大跨境腐败治理力度。

《学习时报》(2022年05月25日08版)

**如何** 推动高质量发展

# 加快建设中国特色自由贸易港

王惠平

在海南建设自由贸易港是习近平总书记亲自谋划、亲自部署、亲自推动的改革开放重大举措。习近平总书记在海南考察时强调:"加快建设具有世界影响力的中国特色自由贸易港,让海南成为新时代中国改革开放的示范"。近年来,海南坚持以习近平新时代中国特色社会主义思想为指导,认真贯彻落实党中央决策部署,发扬敢闯敢试、敢为人先、埋头苦干的特区精神,把准方向、敢于担当、主动作为,高质量高标准建设海南自由贸易港,努力让海南成为新时代中国改革开放的示范。

破除体制机制弊端,不断解放和发展社会生产力。把制度集成创新摆在突出位置,以满足群众、社会和市场主体需求为目的,注重制度顶层设计,突破体制机制障碍,整合优势资源要素,实施跨领域、跨行业、跨部门、跨地区的系统性、整体性、协同性改革创新。海南已发布13批123项制度创新案例，全面推进"放管服"改革，推行园区极简审批，营商环境进一步得到优化。既充分体现中国特色，又加快与国际投资贸易规则接轨，在贸易自由便利、投资自由便利、跨境资金流动自由便利、人员进出自由便利、运输来往自由便利等11个方面出台多项具体政策和改革举措，初步形成具有全球竞争力的开放政策和制度体系。

建设现代化经济体系，优化产业布局。充分利用政策优势，整合优质资源，统一谋划产业布局，积极招商引资，积极调整产业结构，加快建立以旅游业、现代服务业、高新技术产业和热带特色高效农业为支撑的现代产业体系。加快培育以南繁、深海、航天等"陆海空"为主的三大未来产业，重点发展旅游、互联网、医疗健康、金融、会展等现代服务业，加快服务贸易创新发展。实施更加开放便利的离岛免税购物政策，把部分到国外的消费转化为内需。2021年全省离岛免税购物销售额601.73亿元，比上年增长84%。2021年海南全年货物贸易进出口规模首次突破千亿，服务贸易进出口额增长54.8%。

树立和践行绿水青山就是金山银山的理念，打造一流生态环境。坚持生态优先、绿色发展，打造一流生态环境，确保把绿水青山、碧海蓝天留给子孙后代。扎实推进国家生态文明试验区建设和清洁能源岛建设，实行全面"禁塑"，装配式建筑面积连续3年翻番，历史性实现全岛生活垃圾"零填埋"，生态环境质量持续保持全国领先。实行最严格的生态环境保护制度，率先建立现代生态环境和资源保护监管体制，积极开展国家公园体制试点，海南热带雨林国家公园体制试点通过国家验收。

坚持以人民为中心的发展思想，着力保障和改善民生。建设海南自由贸易港，要始终坚持以人民为中心的发展思想，着力解决人民群众关心的现实利益问题，不断促进社会公平正义，让广大人民群众共享改革发展成果。海南坚持把财政支出的75%以上投入民生领域，高质量打赢脱贫攻坚战，5个贫困县全部摘帽，600个贫困村全部出列，65万名建档立卡贫困人口全部脱贫；加快建设安居型商品住房，满足岛内居民和引进人才住房需求；大力引进人才，提高教育和医疗水平，基本实现"家门口上好学"和"小病不进城、大病不出岛"。

《人民日报》（2022年04月28日09版）

# 推动服务贸易跨越式发展

赵 瑾

我国一向高度重视发挥贸易对经济增长的拉动作用。改革开放以来,我国根据全球化发展的特点和不同时期经济发展的目标提出实施市场多元化战略、科技兴贸战略等。这些战略对我国优化出口结构、扩大国际市场,进而推动我国货物贸易上升到世界第一位、成为全球第二大经济体都发挥了重要作用。

近年来,随着数字全球化和全球贸易服务化发展,服务贸易已经成为国际贸易的重要组成部分和国际经贸合作的重要领域。面对新形势,为进一步确保我国国际贸易大国地位,需更好发挥服务贸易在构建新发展格局中的重要作用,建议在"十四五"时期研究实施服务贸易跨越式发展战略,以高质量开放推动高质量发展,协同推进强大国内市场和贸易强国建设。

## 如何 推动高质量发展

## 推动服务贸易跨越式发展的必要性、重要性与紧迫性

新一轮科技革命和产业变革带动了数字技术迅猛发展，促进了产业深度融合，引领了服务经济蓬勃发展。放眼未来，服务业开放合作正日益成为推动发展的重要力量。进一步深化服务贸易和投资合作、在服务贸易领域取得新发展新突破，具有必要性、重要性与紧迫性。

实现高质量发展的内在要求。当今世界，以全球价值链为主导的国际分工日益发展，世界贸易组织、经济合作与发展组织等国际组织开始重新认识服务在全球价值链增加值创造、经济结构转型升级、可持续发展中的作用。然而，目前大多数发展中国家没有对服务的价值、功能和作用给予足够的重视。我国发展已进入工业化后期，服务业在GDP中占比超过50%。2013年至2020年，服务业平均增速高于工业平均增速、服务贸易平均增速高于货物贸易平均增速已成趋势。进一步推动服务贸易跨越式发展，有利于农业、制造业增加生产性服务投入，切实转变发展方式，进而推动质量变革、效率变革、动力变革；有利于在扩大生活性服务中更好满足人民的美好生活需要，实现经济社会更可持续的高质量发展。

构建新发展格局的必然选择。构建新发展格局是与时俱进提升我国经济发展水平的战略抉择，也是塑造我国国际经济合作和竞争新优势的战略抉择，必须坚持扩大内需这个战略基点，使生产、分配、流通、消费更多依托国内市场，形成国民经济良性循环。服务业是我国经济发展的短板。2020年，我国服务贸易规模位居全球第

二,但服务贸易在 GDP 中的占比低于世界平均水平,服务可贸易程度较低。推动服务贸易跨越式发展,以服务业的大开放推动服务业的大发展,有利于补短板、强弱项,更好满足世界第一制造业大国的生产性服务需求,以及人民群众对教育、医疗、养老等生活性服务的巨大需求;有利于释放服务业发展潜能,培育国内竞争市场,加快推动国内国际双循环相互促进。

建设贸易强国的关键举措。对于贸易的未来,国际社会有多种预测。一是世界贸易组织预测,到 2040 年,服务贸易在全球贸易中的占比将大幅提升 50%。二是麦肯锡预测,如果将尚未纳入统计的出口商品的附加值、企业给境外子公司的无形资产、面向全球用户的免费数字服务三大类计算在内,未来服务贸易在国际贸易中的实际占比将提升至 50% 以上。三是欧盟委员会预测,如果将"全球制造业中的服务投入"(如工程、设计、银行、软件和物流)计算在内,到 2025 年,这一项服务自由化所带来的全球 GDP 收益将达到 3000 亿欧元,世界贸易增长可能超过 5000 亿欧元。在发展服务贸易方面,我们必须适应国际贸易结构服务化、数字化发展的趋势以及全球服务贸易规则重塑的形势,把握数字全球化带来的服务可贸易化的新机遇,在推动服务贸易跨越式发展上切实发力,这有利于在未来实现我国从世界第一大货物贸易国向第一大服务贸易国的跨越。

## 实施服务贸易跨越式发展战略的可行性

从决定未来服务贸易国际竞争力的关键因素看，我国具备实现服务贸易弯道超车、跨越式发展的良好条件。

第一，数字技术突破了服务不可贸易的技术障碍。技术发展决定贸易的未来。服务贸易实现跨越式发展的关键，在于数字技术在贸易中的深入应用使不可贸易的服务成为可贸易，并对全球贸易格局形成了颠覆性影响。应该看到，在科技创新的竞争中，我国在持续发力。世界知识产权组织（WIPO）发布的《2021年全球创新指数报告》显示，2021年中国在全球排名第12位，较2020年上升2位，排名连续稳步上升。

第二，我国推动高水平制度型开放，服务贸易创新发展的制度优势正在形成。目前，国际服务贸易规则重构加速，涉及电信、数字贸易、金融服务、环境服务、自然人移动等多个领域。但在数字经济时代，规则重构的重点和焦点仍是数据市场开放。服务业扩大开放综合试点扩容，全国首张跨境服务贸易负面清单在海南落地，数据安全法和个人信息保护法等法律法规相继出台，以前制约我国服务贸易国际竞争力提升的一些障碍正在消除。

第三，我国劳动力优势正从人口红利向人力资本红利转变。过去20年，在世界经济服务化的背景下，全球就业结构也发生了变化，以信息技术为代表的现代服务业对高技能岗位的需求不断增加并成为趋势。目前，我国就业结构也正向服务化转变。根据第七次全国人口普查数据，全国人口中拥有大学（指大专及以上）文化程度的人口为2.18亿人。教育水平的整体提升和高技能人才在服务业发达地区的集聚，将为我国服务贸易发展提供大量高技能人才。

第四，世界第二大引资国地位和以服务业为主的引资结构成为我国服务贸易更好发展的重要基础。当前，国际投资服务化和数字化走势明显。商业存在(FDI)是目前国际服务贸易的重要提供方式，在四种提供方式中占比近60%。新冠肺炎疫情全球大流行引发的国际投资大幅下降与全球价值链重构并没有改变国际社会对我国的投资信心。2021年，我国实际使用外资规模超过万亿元，达1.14万亿元。其中，服务业实际使用外资实现两位数增长（16.7%）。

第五，我国服务市场发展潜力巨大。新冠肺炎疫情全球大流行没有改变世界经济重心向亚洲东移的趋势，亚洲在经济增长、贸易等方面继续保持亮眼的成绩。我国地处亚洲价值链的中心，且具有独特的地缘优势。随着发展中国家群体性崛起，我国中等收入人口增加，无论是服务外部国际市场，还是国内市场，无论是依托世界第一制造业大国的生产性服务，还是为14亿多人口提供生活性服务，我国服务市场发展的潜力都非常巨大。

## 需要重点发力的几个问题

推动服务贸易跨越式发展，是更好把握未来我国贸易发展、赢得贸易话语权的关键举措。接下来，需在以下几个方面切实发力：

一是以数字技术应用和数字化改革为核心推动服务贸易创新发展。服务贸易能否实现跨越式发展，取决于数字技术引发的生产力发展与生产关系变革。为此，未来服务贸易创新发展的方向应以数字化为抓手，实现高水平开放和体制机制创新。要推动制造业服务化和服务业数字化发展，充分发挥数字技术对产业发展的放大、叠加、倍增作用，以数字技术赋能服务贸易发展，全面提升我国服务可贸易程度；建立推动服务业数字化和中小企业数字化转型的财税金融政策促进体系；加快建设以数字化转型为核心的国家服务贸易创新发展示范区。

二是完善跨境服务贸易负面清单管理制度。在海南落地的首张跨境服务贸易负面清单有力提升了服务业开放水平，但也要看到，其并未在数据市场开放试点中形成新的突破。面向未来，抓住数字全球化机遇的关键是推动数据市场开放。为此，要确保网络安全法、数据安全法、个人信息保护法等的一致性和多部门执法的协调性，建设数据市场开放的安全屏障。同时，加快试点探索数据市场开放，并且在现有基础上尽快出台相关办法、细则、标准等，提高法律法规执行的透明度和可操作性。

三是加快推动传统产业数字化转型。在产业融合和数字化发展的背景下，要以数字技术和服务推动传统产业结构转型升级，建议建立外贸数字化转型升级基地，发挥贸易数字化发展的示范效应，解决好大批企业不知道如何推动数字化等问题，加快推动传统产业数字化转型。

四是建设服务领域国际合作的新平台新机制。服务业的异质性和各国服务贸易规制的差异是阻碍国际服务贸易发展的重要因素。加强服务领域国际合作，要以监管一致性推动服务贸易监管国际合作，降低服务贸易壁垒；要将服务贸易谈判作为扩大双边、区域和跨区域谈判的重点，并升级现有自贸区协定；要推动国际合作示范区扩容，鼓励地方建立面向欧洲市场、亚洲市场的国际合作示范区，加强与"一带一路"沿线国家的服务业国际合作。

《经济日报》(2022年04月03日07版)

如何 推动高质量发展

# 打造产业特色鲜明的自贸试验区

赵福军

构建以国内大循环为主体、国内国际双循环相互促进的新发展格局，是与时俱进提升我国经济发展水平的战略抉择，也是塑造我国国际经济合作和竞争新优势的战略抉择。自贸试验区具有地处国内、联通国际的巨大优势，需在实现自身发展的同时更好服务和融入新发展格局。为此，各个自贸试验区要以加快发展各具特色的产业为抓手，并不断延伸和拓展产业链，通过产业链的辐射和带动来更好推动国内国际双循环相互促进。

世界正处于百年未有之大变局，国际经济格局正在加速变化和调整，国际竞争将更加激烈，世界进入新的动荡变革期。要在更加激烈的国际竞争中脱颖而出，掌握发展的主动权，打造产业链竞争优势尤为重要。党的十八大以来，我国先后部署设立 21 个自贸试验区，形成了覆盖东西南北中的试点格局。2021 年 7 月的数据显示，我国自贸试验区已累计在国家层面推出 278 项制度创新成果，充分发挥了改革开放"试验田"的作用。与此同时，自贸试验区积极服务产业发展需求，建成了一批世界领先的产业集群，为高质量发展作出了重要贡献。面向未来，各个自贸试验区可基于现有的产业基础，顺应时代发展大势，更好服务国家战略需要，在打造特色产业上持续发力。

## （一）

着眼于打造产业特色鲜明的自贸试验区，切实发挥自贸试验区对推动国内国际双循环相互促进的重要作用，是一项重要工作。

具体来看，打造特色产业，需促进产业发展更聚焦、更具特色，提升产业发展水平。在聚焦产业发展重点上，自贸试验区要集中资源发展重点产业并形成优势，在集中力量夯实优势产业的基础上再考虑产业发展多元化的问题；在打造产业特色上，力争使每一个自贸试验区片区都能形成特色更加鲜明的优势产业，形成"一片区、一特色、一品牌"；在提高产业发展水平上，自贸试验区不仅要做大特色优势产业的规模，而且要提高发展质量，提升产业的国际竞争力。

与此同时，自贸试验区还需注重与周边区域、国内其他自贸试验区形成分工互补的格局，选择适合自身资源禀赋、有利于发挥优势的产业定位。比如：东部地区的自贸试验区可以瞄准国际产业发展前沿，发展具有国际竞争力的前沿产业；中西部地区的自贸试验区既可以与东部地区自贸试验区开展分工合作，也可以结合所在区域的资源禀赋，凸显产业发展特色。

## （二）

在发展特色优势产业的基础上，加快延伸拓展产业链，积极打造产业链竞争优势，是我国自贸试验区建设的一项重要任务。作为高水平开放平台，自贸试验区可以在培育产业链竞争优势等方面先行先试，为我国其他地区参与全球高水平竞争和国际循环提供有益经验。

在实践中，既可以在自贸试验区内打造产业链，围绕已有的特色优势产业来谋划，不断完善产业链上下游和关联产业，延伸和拓展产业链条，推动特色优势产业集聚，进而形成产业集群，构建产业链竞争优势，又可以顺应自贸试验区特色优势产业发展要求，在自贸试验区外不断拓展产业链上下游。

前一种路径是促进产业集聚、延伸产业链条的通常做法，但随着自贸试验区不断发展，产业发展难免会受到空间上的限制，自贸试验区也难以完全承载产业链条的诸多环节。后一种路径则可以使自贸试验区拥有广大的腹地支撑。在分工合作上，区内可以侧重发展产业链的高端环节，区外的产业链环节可以成为有益补充。比如：自贸试验区可聚焦创新研发、公共服务、标准制定等环节，而在区外则主要发展生产制造、加工、种植等环节，形成区内与区外互相支撑的态势。在发展模式上，可根据需要设立自贸试验区的合作发展区域，包括生产制造区、种植区、联动创新区等；在发展动力上，自贸试验区拥有产业链的高端环节，可以形成产业发展的"动力源""火车头"，辐射带动产业链其他环节及合作发展区发展；在塑造竞争力上，需以产业链为纽带，把自贸试验区与合作发展区联系起来、与广大腹地的资源联系起来，形成以更广大区域、更丰富资源支撑自贸试验区参与国际合作竞争的格局；在服务国家战略上，自贸试验区可通过产业链有力辐射和带动其他区域发展，更好服务和融入新发展格局，为实施乡村振兴等国家战略提供助力。

## （三）

打造产业特色鲜明的自贸试验区，关键要持续在制度创新上下功夫。

一是不断提升自贸试验区的自身功能。自贸试验区要对产业链上下游产生辐射带动作用，就必须做强自身功能，更好集聚全球资源要素，为产业链上下游发展提供研发创新、公共服务等支撑，增强区域发展的辐射带动能力。可以说，自贸试验区的功能越强，其辐射带动产业链上下游发展的能力就越强。在这方面，建议打造自贸试验区综合体，集聚全球研发、人才等资源要素，建设产业研发、创新所需要的各种公共服务平台，打造特色优势产业链发展的相关品牌，并建立产品质量溯源系统等。以综合体为载体开展更为深入的先行先试，加大制度创新力度，切实提升自贸试验区功能。

二是朝着"一体化"方向推动制度创新。当前，我国正在推动内外贸一体化发展，其中一项重要内容就是持续提升国内国际标准一致性。在这方面，自贸试验区可以重点在电子商务、知识产权、生态环境保护等方面开展先行先试，以制度创新推动实现国内国际相关规则和标准顺畅衔接和对接，推动制度型开放；更加注重从自贸试验区特色优势产业链发展的角度，形成覆盖全产业链的经贸规则；聚焦国际经贸合作的重点国家和地区，围绕合作发展所需的金融、人才、创新、交通运输、数据流动等，开展有针对性的制度创新，更好适应与合作国家和地区开展经贸往来的需要。

三是大力提升产业链上下游的合作及联动水平。要顺应延伸拓展产业链的需求，以制度创新推动产业链上下游的各个环节与自贸试验区同标准、同品质、同监管、同服务、同管理。为此，自贸试验区不仅要从增强产业链竞争力出发，对标国际经贸规则，而且要建立质量溯源系统，完善监管、信息平台，建立产业链上下游合作发展机制。与此同时，着眼于解决产业链上下游各环节发展的不平衡问题，建议抓紧建设信息化平台，实现服务、管理、监管覆盖产业链上下游各环节，对产业链上下游及合作发展区域开展人才教育培训，考虑成立自贸试验区产业链发展基金，以此推动合作区域的基础设施、信息化建设等，进一步增强自贸试验区特色优势产业的辐射带动作用。

《经济日报》（2022年03月22日10版）

拓展阅读

# 让开放为全球发展带来新的光明前程
## ——论习近平主席在第五届中国国际进口博览会开幕式上重要致辞

人民日报评论员

"中国愿同各国一道，践行真正的多边主义，凝聚更多开放共识，共同克服全球经济发展面临的困难和挑战，让开放为全球发展带来新的光明前程！"2022年11月4日，习近平主席以视频方式出席第五届中国国际进口博览会开幕式并发表重要致辞，指出"开放是人类文明进步的重要动力，是世界繁荣发展的必由之路"，强调"让发展成果更多更公平惠及各国人民"，郑重宣示中国将推动各国各方共享中国大市场机遇、共享制度型开放机遇、共享深化国际合作机遇，赢得与会嘉宾广泛认同，引发国际社会热烈反响。

经济的大海奔腾不息，开放的春风温暖世界。冷战结束后，经济全球化迅猛发展，为世界经济发展提供了强劲动力，极大促进了商品和资本流动、科技和文明进步。一段时间以来，经济全球化遭遇"逆风逆流"，"世界开放指数"不断下滑，全球开放共识弱化。一些国家想实行"脱钩断链"，构筑"小院高墙"。应该深刻认识到，大江奔腾向海，总会遇到逆流，但任何逆流都阻挡不了大江东去。经济全球化是生产力发展的客观要求，是不可逆转的历史大势。尽管出现了很多逆流、险滩，但经济全球化方向从未改变、也不会改变，开放合作仍然是历史潮流，互利共赢依然是人心所向。我们要把握经济全球化发展大势，坚定不移推动经济全球化朝着更加开放、包容、普惠、平衡、共赢的方向发展。

当今世界，全球价值链、供应链深入发展，你中有我、我中有你。开放合作是增强国际经贸活力的重要动力，是推动世界经济稳定复苏的现实要求，是促进人类社会不断进步的时代要求。保护主义是作茧自缚，搞"小圈子"只会孤立自己，极限制裁损人害己，脱钩断供行不通、走不远。各国只有坚持真正的多边主义，坚持拆墙而不筑墙、开放而不隔绝、融合而不脱钩，推动构建开放型世界经济，才能让世界经济活力充分迸发出来。中国坚持对外开放的基本国策，坚定奉行互利共赢的开放战略，坚持经济全球化正确方向，增强国内国际两个市场两种资源联动效应。5年前，习近平主席宣布举办进博会，就是要扩大开放，让中国大市场成为世界大机遇。现在，进博会已经成为中国构建新发展格局的窗口、推动高水平开放的平台、全球共享的国际公共产品。习近平主席在致辞中深刻阐释开放的重要意义，郑重宣示中国扩大开放的坚定决心，展现了开放自信的大国气度，彰显了计利天下的大国担当，对于引领世界经济沿着正确轨道向前发展、推动世界经济复苏具有重要意义。

当前，世界百年未有之大变局加速演进，世界经济复苏动力不足。习近平主席强调："我们要以开放纾发展之困、以开放汇合作之力、以开放聚创新之势、以开放谋共享之福,推动经济全球化不断向前,增强各国发展动能,让发展成果更多更公平惠及各国人民。"必须深刻认识到,只有拆除一切阻碍生产力发展的藩篱,让资金和技术自由流动,维护全球产业链供应链稳定畅通,促进贸易和投资自由化便利化,以开放纾发展之困,才能在发展中破解各种难题、实现人民幸福;只有深化交流合作,坚持"拉手"而不是"松手",用对话合作取代零和博弈,用开放包容取代封闭排他,用交流互鉴取代唯我独尊,以开放汇合作之力,才能在合作中办成大事、办成好事、办成长久之事;只有加强创新合作,推动科技同经济深度融合,加强创新成果共享,努力打破制约知识、技术、人才等创新要素流动的壁垒,以开放聚创新之势,才能在创新中推动经济社会发展、应对人类共同挑战;只有坚持以人民之心为心、以天下之利为利,关注发展中国家紧迫需求,着力解决发展不平衡不充分问题,稳步推进全球发展倡议落地落实,以开放谋共享之福,才能让各国人民都过上好日子。我们相信,一个更加开放包容的世界,能给各国带来更广阔的发展空间,给人类带来更繁荣的未来。

开放带来进步,封闭必然落后。不管遇到什么风险、什么灾难、什么逆流,人类社会总是要前进的,而且一定能够继续前进。实践充分表明,各国走向开放、走向合作的大势没有改变。各国携起手来,共同应对风险挑战,共同加强合作沟通,共同扩大对外开放,团结一心,凝聚力量,勇毅前行,就一定能共同开创人类美好的明天。

《人民日报》(2022年11月06日01版)

## 如何把握国内国际双循环

王生升

加快构建新发展格局,是我们立足新发展阶段、把握未来发展主动权的战略性布局和先手棋。强调以国内大循环为主体,不是要搞封闭的国内单循环。只有促进国内循环与国际循环的良性互动,才能持续推进中国经济现代化进程,为全面建设社会主义现代化国家奠定坚实基础。

构建新发展格局是经济全球化时代的必然选择。历史经验表明,开放带来进步,封闭导致落后。20世纪80年代后,经济全球化进程加速,世界各国各地区间的分工贸易联系不断紧密,包括中国在内的一批新兴市场国家迅速崛起,成为推动世界经济增长的新引擎。中国是经济全球化的受益者,通过有效利用国际市场和国际资源,改革发展取得了举世瞩目的成就。现在的中国经济早已深度融入世界分工贸易体系,同全球很多国家的产业关联和相互依赖程度都比较高,国内生产的顺利运转离不开国际产业链、供应链的协同配合。

世界正经历百年未有之大变局。个别西方国家大肆推行单边主义霸凌行径,力图重建一个"去中国化"的世界经济新体系。要认识到,尽管经济全球化遭遇逆流,单边主义、保护主义不断抬头,但经济全球化的历史大势并未改变。面对波谲云诡的国际形势,面对发展机遇和挑战的深刻变化,对于我国而言,只有坚定地向全球产业链价值链中高端迈进,构建新发展格局,才能更好塑造国际合作和竞争新优势。我们强调以国内大循环为主体,绝不是关起门来封闭运行,而是要更积极、更深度地参与经济全球化,推动经济全球化朝着更加开放、包容、普惠、平衡、共赢方向发展。

国内循环与国际循环相辅相成、不可分割。伴随着经济全球化进程加速,产业间国际分工逐步被产业链内部国际分工所取代,国内循环与国际循环日益表现出既对立又统一的辩证关系。国内循环与国际循环相互依存、相互促进,构成了一个优势互补、相得益彰的有机统一整体。

面对激烈的国际竞争,我们只有立足自身,把国内大循环畅通起来,努力炼就百毒不侵、金刚不坏之身,才能任由国际风云变幻,始终充满朝气生存和发展下去。构筑强大的国内经济循环体系和稳固的基本盘,提升国内供给和国内需求的适配性,能够有力推动市场主体的自主创新活动,补齐经济循环体系的弱项短板,有效维护产业链供应链安全,有力提升中国在世界分工贸易体系中的地位。只有依托强大的国内经济循环体系和稳固的基本盘,才能更好形成对全球要素资源的强大吸引力、在激烈国际竞争中的强大竞争力、在全球资源配置中的强大推动力。

方兴未艾的新一轮科技革命和产业变革,是世界各国人民智慧的共同结晶。我们只有推动高水平对外开放,更积极主动地参与国际循环,形成全方位、多层次、多元化的开放合作格局,才能充分汲取新一轮科技革命和产业变革的成果,充分利用国际市场和国际资源,引导国内产业提质增效和消费升级,实现更加强劲、更可持续的高质量发展。

依托大国优势和制度优势实现国内循环与国际循环的良性互动。中国是世界上最大的发展中国家，拥有大国优势和制度优势，这是实现国内循环与国际循环良性互动的基础性支撑。我们的大国优势，不仅包括供给侧的实体经济特别是制造业规模协同效应，而且包括需求侧的超大规模市场优势；我们的制度优势，不仅体现为坚持以人民为中心的发展思想推进中国经济现代化，而且体现为践行人类命运共同体理念推进新型经济全球化。只要我们充分发挥大国优势和制度优势，就有能力更好统筹国内国际两个大局，有效利用国内国际两个市场、两种资源，推动国内循环与国际循环相互促进，推动中国经济高质量发展。

《经济日报》（2022年06月16日10版）

## 我国超大规模市场优势将更加明显

刘　涛

建设全国统一大市场是构建新发展格局的基础支撑和内在要求。《中共中央 国务院关于加快建设全国统一大市场的意见》（以下简称《意见》）明确提出"加快建设高效规范、公平竞争、充分开放的全国统一大市场"，并对更大范围、更深程度上建设全国统一大市场作出重要部署，为下一步全面推动我国市场由大到强转变、构建新发展格局提供了行动纲领和工作指南。

## 提高认识，增强全国统一大市场建设紧迫感

当前，世界百年未有之大变局加速演进，要从全局和战略高度认识和推动全国统一大市场建设。

构建新发展格局的关键在于经济循环的畅通无阻，必须用足用好超大规模市场优势，畅通国内大循环，形成对全球要素资源的强大吸引力，并以国际循环提升国内大循环效率和水平。加快建设全国统一大市场，破除各种封闭小市场、自我小循环，有利于推动国内市场高效畅通和规模拓展，形成供需互促、产销并进、畅通高效的国内大循环，有利于更好利用全球要素和市场资源，培育参与国际竞争合作新优势。

新发展阶段，构建与全面建设社会主义现代化国家相适应的高水平社会主义市场经济体制，必须不断在经济体制关键性基础性重大改革上突破创新。加快建设全国统一大市场，破除妨碍各种生产要素市场化配置和商品服务流通的体制机制障碍，有利于充分发挥市场和价值规律的作用，促进高标准市场体系建设，推动构建更加系统完备的高水平社会主义市场经济体制。

随着我国经济转向高质量发展阶段，创新成为引领发展的第一动力。这就要求推动有效市场和有为政府更好结合，为各类创新活

动提供更加广阔的市场空间和更加规范的市场环境。加快建设全国统一大市场，强化竞争政策基础地位，提高政策统一性、规则一致性、执行协同性，有利于以统一大市场激励创新、优化分工、促进竞争，使创新要素有序流动和合理配置。

## 立破并举，加快全国统一大市场制度建设

改革开放40多年来，特别是党的十八大以来，我国统一市场建设取得了很大进展，特别是重要的基础设施等"硬件"不断完善。此次《意见》更多是侧重设施的高标准联通，提出要建设现代流通网络、完善市场信息交互渠道、推动交易平台优化升级。相比而言，我国统一市场建设在制度规则等"软件"方面存在短板和不足，不适应构建新发展格局的要求。为此，《意见》从制度建设着眼，坚持立破并举，就建立健全体制机制、打通制度堵点部署了一系列重点任务。

在"立"的方面，《意见》明确指出"强化市场基础制度规则统一"，提出完善统一的产权保护制度，健全统一规范的涉产权纠纷案件执法司法体系；实行统一的市场准入制度，严格落实"全国一张清单"管理模式，制定全国通用性资格清单，统一规范评价程序及管理办法，提升全国互通互认互用效力等。

《意见》还强调"推进市场监管公平统一"，提出健全统一市场监管规则，增强市场监管制度和政策的稳定性、可预期性，推进线上线下一体化监管；强化统一市场监管执法，推进维护统一市场综合执法能力建设，探索在有关行业领域依法建立授权委托监管执法方

式，鼓励跨行政区域按规定联合发布统一监管政策法规及标准规范。

在"破"的方面，《意见》突出"进一步规范不当市场竞争和市场干预行为"，提出着力强化反垄断，稳步推进自然垄断行业改革；依法查处不正当竞争行为，整治网络黑灰产业链条；破除地方保护和区域壁垒，全面清理歧视外资企业、外地企业等各类优惠政策；清理废除妨碍依法平等准入和退出以及招标采购领域违反统一市场建设的规定做法。

## 分类施策，建设高标准全国统一大市场

随着经济发展和市场化改革推进，我国多门类、开放型的商品市场体系不断完善，市场规模持续扩大，多层次、多样化的要素市场体系也已基本形成，但还存在发展不平衡问题，特别是要素市场发展相对滞后，制约了新发展格局下要素配置效率的提高。为此，《意见》坚持问题导向，明确指出"打造统一的要素和资源市场"。

比如，对土地和劳动力市场，《意见》提出，完善城乡建设用地增减挂钩节余指标、补充耕地指标跨区域交易机制，完善财政转移支付和城镇新增建设用地规模与农业转移人口市民化挂钩政策。对资本市场，提出统一动产和权利担保登记，加强区域性股权市场和全国性证券市场板块间的合作衔接，推动债券市场基础设施互联互通，健全权责清晰、分工明确、运行顺畅的监管体系。

另外，《意见》还强调"推进商品和服务市场高水平统一"，提出健全商品质量体系，建立健全质量分级制度，推动质量认证结果

跨行业跨区域互通互认；完善标准和计量体系，加快制定面部识别等智能化识别系统的全国统一标准和安全规范，加强标准必要专利国际化建设；全面提升消费服务质量，推动跨国跨地区经营的市场主体为消费者提供统一便捷的售后服务，完善服务市场预付式消费管理办法。

加快建设全国统一大市场是一项复杂的系统工程，需要处理好顶层设计与基层探索的关系。对此，《意见》提出，探索研究全国统一大市场建设标准指南，动态发布不当干预全国统一大市场建设问题清单，建立健全促进全国统一大市场建设的部门协调机制；优先开展区域市场一体化建设工作，积极总结并复制推广典型经验做法。总之，抓好《意见》落实，我国超大规模统一市场的优势将更加明显，形成对构建新发展格局的雄厚支撑。

《光明日报》（2022年04月12日10版）